新疆特色的轨道交通类专业教学体系研究课题成果

Guidao Gongcheng Celiang Shixun Jiaocheng
轨道工程测量实训教程

主　编　曹永鹏
副主编　董　莉　高　峰
主　审　乔建国[乌鲁木齐城市轨道集团有限公司]
　　　　宿春燕[新疆交通职业技术学院]

人民交通出版社股份有限公司
China Communications Press Co.,Ltd.

内 容 提 要

本书主要内容包括实训须知、单项技能实训、综合技能实训三部分。其中，单项技能实训部分共9个实训任务，主要训练高程测量、角度测量、距离测量等基本测量技能；综合技能实训部分共设控制测量及地形测量、轨道线路测量、桥隧施工测量、高铁施工测量4个模块，依据铁路和城市轨道交通测量中典型工作任务设置了21个典型实训任务。

本书供相关专业轨道工程测量课程实训教学使用。

图书在版编目（CIP）数据

轨道工程测量实训教程 / 曹永鹏主编. —北京：
人民交通出版社股份有限公司，2016.8
新疆特色的轨道交通类专业教学体系研究课题成果
ISBN 978-7-114-13175-2

Ⅰ.①轨… Ⅱ.①曹… Ⅲ.①轨道（铁路）—工程测量—职业教育—教材 Ⅳ.①U213.2

中国版本图书馆 CIP 数据核字(2016)第 152780 号

新疆特色的轨道交通类专业教学体系研究课题成果

书　　名：	轨道工程测量实训教程
著 作 者：	曹永鹏
责任编辑：	司昌静
出版发行：	人民交通出版社股份有限公司
地　　址：	(100011)北京市朝阳区安定门外外馆斜街3号
网　　址：	http://www.ccpress.com.cn
销售电话：	(010)59757973
总 经 销：	人民交通出版社股份有限公司发行部
经　　销：	各地新华书店
印　　刷：	北京盈盛恒通印刷有限公司
开　　本：	787×1092　1/16
印　　张：	5.5
字　　数：	128 千
版　　次：	2016 年 8 月　第 1 版
印　　次：	2016 年 8 月　第 1 次印刷
书　　号：	ISBN 978-7-114-13175-2
定　　价：	20.00 元

（有印刷、装订质量问题的图书由本公司负责调换）

2011年11月26日，乌鲁木齐地铁正式得到国家发展改革委的批复，乌鲁木齐市步入轨道交通时代，掀开了地铁建设的热潮。为了适应市场需求，新疆交通职业技术学院于2008年申报开办电气化铁道技术专业，经过多年努力，形成了集轨道交通工程、机电、信号、运营为一体的技能型人才培养格局，与乌鲁木齐城市轨道集团有限公司签订订单培养300多人，在各地铁路部门就业200余人，轨道交通人才培养呈现良好的发展态势。

新专业的开办面临的是人才培养方案的修订、师资队伍的培养、实验实训条件的建设等一系列专业建设问题。为解决好这些问题，本人带领轨道交通专业教学团队，向新疆维吾尔自治区交通运输厅申报了《新疆特色的轨道交通类专业教学体系研究》科技重点课题，在自治区交通运输厅的大力支持下，于2013年7月正式开展相关研究。研究团队先后前往北京地铁、南京地铁、广州地铁等企业进行调研，在广东交通职业技术学院、北京交通运输职业学院、南京铁道职业技术学院等兄弟院校进行了人才培养方案论证和师资培养交流，进而形成了专业人才培养方案和课程标准，以期指导专业建设，同时形成了《轨道交通信号系统维护》等部分特色教材，用于相关专业的教学。现将相关成果进行集中出版，以期能够在更广的范围内获得应用，更是启发后续相关专业建设的关键。

课题研究得到了乌鲁木齐城市轨道集团有限公司的大力支持以及相关企业和兄弟院校的帮助，在此表示诚挚感谢。南京铁道职业技术学院林瑜筠教授、北京交通大学毛宝华教授、广东交通职业技术学院王劲松教授、吴晶教授、黎新华教授，乌鲁木齐城市轨道集团有限公司的徐平、邓超等专家给予了指导和支持，人民交通出版社股份有限公司相关编辑、课题团队成员为系列成果出版做了大量工作，在此一并致谢。

二〇一六年五月

前言

本书是根据铁道工程技术专业和城市轨道交通工程技术专业轨道工程测量课程实训教学的要求编写的。全书主体部分包括实训须知、单项技能实训、综合技能实训。单项技能实训部分共9个实训任务,主要训练高程测量、角度测量、距离测量等基本测量技能;综合技能实训部分共设控制测量及地形测量、轨道线路测量、桥隧施工测量、高铁施工测量4个大的任务模块,根据铁路和城市轨道交通测量中典型工作任务设置了21个典型实训任务。

全书由新疆交通职业技术学院曹永鹏担任主编,由新疆交通职业技术学院董莉、高峰担任副主编。参与编写的还有新疆交通职业技术学院的张艳云、孙洋、许璇、张玲及乌鲁木齐铁建工程监理咨询公司工程师李祖玉、北新路桥集团股份有限公司彭永华等。具体编写分工为:第一部分实训须知由新疆交通职业技术学院张玲编写;第二部分单项技能实训由新疆交通职业技术学院曹永鹏、张艳云编写;第三部分综合技能实训中,任务1.1~任务1.5由新疆交通职业技术学院董莉、许璇编写,任务2.1~任务2.3由新疆交通职业技术学院曹永鹏、孙洋编写,任务2.4~任务2.9由新疆交通职业技术学院高峰、北新路桥集团股份有限公司彭永华编写,任务3.1~任务3.5由新疆交通职业技术学院高峰、乌鲁木齐铁建工程监理咨询公司工程师李祖玉编写,任务4.1、任务4.2由新疆交通职业技术学院曹永鹏编写。教材编写过程中,编者参考了大量相关优秀教材、著作、文章,也得到宿春燕、冯春、李杰、叶剑锋等专家给予的无私帮助,在此向有关编著者和支持者表示衷心感谢!

由于编者水平有限,书中难免存在不足,敬请读者提出宝贵意见和建议。

作　者
二〇一六年五月

目录 CONTENTS

第一部分　实训须知 …………………………………………………………………… 1
第二部分　单项技能实训 ………………………………………………………………… 4
　任务1　水准仪的认识与技术操作 …………………………………………………… 4
　任务2　等外水准测量 ………………………………………………………………… 7
　任务3　精密水准仪的认识和使用 …………………………………………………… 9
　任务4　光学经纬仪的认识与技术操作 ……………………………………………… 11
　任务5　水平角测量 …………………………………………………………………… 13
　任务6　竖直角测量 …………………………………………………………………… 15
　任务7　钢尺量距和视距测量 ………………………………………………………… 17
　任务8　全站仪的认识与技术操作 …………………………………………………… 19
　任务9　GPS的认识与技术操作 ……………………………………………………… 21
第三部分　综合技能实训 ………………………………………………………………… 23
　任务1　控制测量及地形测量 ………………………………………………………… 23
　　任务1.1　闭合导线测量及数据处理 ……………………………………………… 23
　　任务1.2　附合导线测量及数据处理 ……………………………………………… 27
　　任务1.3　四等水准测量及数据处理 ……………………………………………… 31
　　任务1.4　经纬仪测绘法测图 ……………………………………………………… 34
　　任务1.5　全站仪数字测图 ………………………………………………………… 36
　任务2　轨道线路测量 ………………………………………………………………… 38
　　任务2.1　圆曲线主点测设 ………………………………………………………… 38
　　任务2.2　圆曲线详细测设——切线支距法 ……………………………………… 41
　　任务2.3　圆曲线详细测设——偏角法 …………………………………………… 43
　　任务2.4　带有缓和曲线段的平曲线主点测设 …………………………………… 45
　　任务2.5　带有缓和曲线段的平曲线详细测设——切线支距法 ………………… 47
　　任务2.6　带有缓和曲线段的平曲线详细测设——偏角法 ……………………… 51
　　任务2.7　基平及中平测量 ………………………………………………………… 55
　　任务2.8　横断面测量 ……………………………………………………………… 58

任务 2.9　路基边桩放样 ……………………………………………… 60

任务 3　桥隧施工测量 ………………………………………………………… 63
　　任务 3.1　桥梁施工控制测量 ……………………………………………… 63
　　任务 3.2　基础施工测量 …………………………………………………… 66
　　任务 3.3　墩台定位及高程放样 …………………………………………… 68
　　任务 3.4　隧道控制测量 …………………………………………………… 70
　　任务 3.5　隧道断面测量 …………………………………………………… 73

任务 4　高铁施工测量 ………………………………………………………… 75
　　任务 4.1　高铁 CPⅢ平面控制测量 ……………………………………… 75
　　任务 4.2　轨检小车检测轨道几何状态 …………………………………… 77

参考文献 ………………………………………………………………………… 79

第一部分 实训须知

一、测量实训规定

1. 在实训之前，必须复习教材中的有关内容，认真预习本教程，以明确目的、了解任务、熟悉实训步骤或实训过程，注意有关事项，并准备好所需文具用品。

2. 实训分小组进行，组长负责组织协调工作，办理所用仪器工具的借领和归还手续。

3. 实训应在规定的时间进行，不得无故缺席或迟到早退；应在指定的场地进行，不得擅自改变地点或离开现场。

4. 必须遵守本书列出的"测量仪器工具的借领与使用规则"和"测量记录与计算规则"。

5. 服从教师的指导，严格按照本书的要求，认真、按时、独立地完成任务。每项实训都应取得合格的成果，提交书写工整、规范的实训报告或实训记录，经指导教师审阅同意后，才可交还仪器工具，结束工作。

6. 在实训过程中，还应遵守纪律，爱护现场的花草、树木和农作物，爱护周围的各种公共设施，任意砍折、踩踏或损坏者应予处罚并赔偿。

二、测量仪器工具的借领与使用规则

对测量仪器工具正确使用、精心爱护和科学保养，是测量人员必须具备的素质和应该掌握的技能，也是保证测量成果质量、提高测量工作效率、延长仪器工具使用寿命的必要条件。在仪器工具的借领与使用中，必须严格遵守下列规定。

（一）仪器工具的借领

1. 实训时凭学生证到仪器室办理借领手续，以小组为单位领取仪器工具。

2. 借领时，应该当场清点检查：实物与清单是否相符；仪器工具及其附件是否齐全；背带及提手是否牢固；脚架是否完好等，如有缺损，可以补领或更换。

3. 离开借领地点之前，必须锁好仪器并捆扎好各种工具。搬运仪器工具时，必须轻取轻放，避免剧烈振动。

4. 借出仪器工具之后，不得与其他小组擅自调换或转借。

5. 实训结束，应及时收装仪器工具，送还借领处检查验收，办理归还手续，如有遗失或损坏，应写书面报告说明情况，并按有关规定给予赔偿。

（二）仪器的安置

1. 在三角架安置稳妥之后，方可打开仪器箱。开箱前，应将仪器箱放在平稳处，严禁托在手上或抱在怀里。

2. 打开仪器箱之后，要看清并记住仪器在箱中的安放位置，避免以后装箱困难。

3. 提取仪器之前，应先松开制动螺旋，再用双手握住支架或基座，轻轻取出仪器放在三角架上，保持一手握住仪器，一手拧连接螺旋，最后旋紧连接螺旋，使仪器与脚架连接牢固。

4. 装好仪器之后，注意随即关闭仪器箱盖，防止灰尘和湿气进入箱内。严禁坐在仪器箱上。

（三）仪器的使用

1. 仪器安置之后，不论是否操作，必须有人看护，防止无关人员搬弄或行人、车辆碰撞。

2. 在打开物镜时或在观测过程中，如发现灰尘，可用镜头纸或软毛刷轻轻拂去，严禁用手指或手帕等擦拭镜头，以免损坏镜头上的镀膜。观测结束后应及时套好镜盖。

3. 转动仪器时，应先松开制动螺旋，再平稳转动。使用微动螺旋时，应先旋紧制动螺旋。

4. 制动螺旋应松紧适度，微动螺旋和脚螺旋不要旋到顶端，使用各种螺旋都应均匀用力，以免损伤螺纹。

5. 在野外使用仪器时，应该撑伞，严防日晒雨淋。

6. 在仪器发生故障时，应及时向指导教师报告，不得擅自处理。

（四）仪器的搬迁

1. 在行走不便的地区迁站或远距离迁站时，必须将仪器装箱之后再搬迁。

2. 短距离迁站时，可将仪器连同脚架一起搬迁。其方法是：取下垂球，检查并旋紧仪器连接螺旋，松开各制动螺旋使仪器保持初始位置（经纬仪望远镜物镜对向度盘中心，水准仪的水准器向上）；收拢三脚架，左手握住仪器基座或支架放在胸前，右手抱住脚架放在肋下，稳步行走。严禁斜扛仪器，以防碰摔。

3. 搬迁时，小组其他人员应协助观测员带走仪器箱和有关工具。

（五）仪器的装箱

1. 每次使用仪器之后，应及时清除仪器上的灰尘及脚架上的泥土。

2. 仪器拆卸时，应先将仪器脚螺旋调至大致同高的位置，再一手扶住仪器，一手松开连接螺旋，双手取下仪器。

3. 仪器装箱时，应先松开各制动螺旋，使仪器就位正确，试关箱盖确认放妥后，再拧紧制动螺旋，然后关箱上锁。若合不上箱口，切不可强压箱盖，以防压坏仪器，应检查仪器是否放正、放平，是否有异物，经处理后方可合盖。

4. 清点所有附件和工具，防止遗失。

（六）测量工具的使用

1. 钢尺的使用：应防止扭曲、打结和折断，防止行人踩踏或车辆碾压，尽量避免尺身着水；携尺前进时，应将尺身提起，不得沿地面拖行，以防损坏刻画；用完钢尺应擦净、涂油，以防生锈。

2. 皮尺的使用：应均匀用力拉伸，避免着水、车压；如果皮尺受潮，应及时晾干。

3. 各种标尺、花杆的使用：应注意防水、防潮，防止受横向压力，不能磨损尺面刻画的漆皮，不用时安放稳妥；塔尺的使用时，还应注意接口处的正确连接，用后及时收尺。

4. 测图板的使用：应注意保护板面，不得乱写乱扎，不能施以重压。

5. 小件工具如垂球、测钎、尺垫等的使用：应用完即收，防止遗失。

6. 其他：一切测量工具都应保持清洁，由专人保管搬运，不能随意放置，更不能作为捆扎、抬、担的工具。

三、测量记录与计算规则

测量记录是外业观测成果的记载和内业数据处理的依据。在进行测量记录或计算时，必须严肃认真，一丝不苟，严格遵守下列规则：

1. 在测量记录之前,准备好硬芯铅笔(2H 或 3H),同时熟悉记录表上各项内容及填写、计算方法。

2. 记录观测数据之前,应将记录表头的仪器型号、日期、天气、测站、观测者及记录者姓名等无一遗漏地填写齐全。

3. 观测者读数后,记录者应随即在测量记录表上的相应栏内填写,并复诵回报,以资检核,不得另纸记录,事后转抄。

4. 记录时,要求字体端正清晰,数位对齐,数字对齐。字体的大小一般占格宽的 1/2～1/3,字脚靠近底线;表示精度或占位的"0"(例如水准尺读数 1.500 或 0.234,度盘读数 93°04′00″)均不可省略。

5. 观测数据的尾数不得更改,读错或记错后必须重测重记。例如:角度测量时,秒级数字出错,应重测该测回;水准测量时,毫米级数字出错,应重测该测站;钢尺量距时,毫米级数字出错,应重测该尺段。

6. 观测数据的前几位若出错时,应用细横线画去错误的数字,并在原数字上方写出正确的数字。注意不得涂擦已记录的数据。禁止连环更改数字,例如:水准测量中的黑、红面读数,角度测量中的盘左、盘右,距离丈量中的往返量等,均不能同时更改,否则重测。

7. 记录数据修改后或观测成果废去后,都应在备注栏内写明原因(如测错、记错或超限等)。

8. 每站观测结束后,必须在现场完成规定的计算和检核,确认无误后方可迁站。

9. 数据运算,应根据所取位数,按"4 舍 6 入,5 前奇进偶舍"的规则进行凑整。例如对 1.4244m、1.4236m、1.4235m、1.4245m 这几个数据,若取至毫米位,则均应记为 1.424m。

10. 应该保持测量记录的整洁,严禁在记录表上书写无关内容,更不得丢失记录表。

第二部分 单项技能实训

任务1 水准仪的认识与技术操作

任 务 单

任务名称	水准仪的认识与技术操作	任务学时	2学时
训练目的	1. 了解 DS_3 型水准仪各部件的名称及作用。 2. 练习水准仪的安置、粗平、瞄准、精平与读数。 3. 测量地面两点间的高差		
任务设计	1. 实训小组由 3~5 人组成。 2. 实训设备为每组 DS_3 型水准仪 1 台,记录板 1 块,记录表格,铅笔,测伞 1 把。 3. 实训场地安排不同高度的 2 个点,分别立 2 根水准尺(编号为 A、B),全班共用,便于检核实训结果。 4. 每人按步骤独自完成仪器安置、整平、瞄准、精平、读数等技术操作。 5. 练习观测 A、B 水准尺,读数记录在实训报告中。 6. 实训结束时,每人上交一份实训报告		
方法与步骤	1. 安置仪器。选择好测站点,将三脚架张开,使其高度在胸口附近,架头大致水平,并将脚尖踩入土中,力求踩实,然后用连接螺旋将仪器连接在三脚架上。 2. 认识仪器。了解仪器各部件的名称及其作用,并熟悉其使用方法,熟悉水准尺的分画注记,精确读数。 3. 粗略整平。先对向转动两只脚螺旋,使圆水准气泡向中间移动,使气泡、圆水准器的圆圈及另一脚螺旋大致呈一直线,再转动另一脚螺旋,使气泡移至居中位置。 4. 瞄准。转动目镜调焦螺旋,使十字丝清晰;转动仪器,用准星和照门(缺口)瞄准水准尺,拧紧制动螺旋(手感螺旋有阻力),转动微动螺旋,使水准尺像成像在十字丝交点处。当成像不太清晰时,转动物镜对光螺旋,消除视差,使目标清晰,如目标较远,则物镜对光螺旋向后转动,如目标较近,则物镜对光螺旋向前转动。 5. 精平、读数。缓缓转动微倾螺旋,使符合水准管气泡两端的半影像吻合,视线即处于精平状态,在同一瞬间立即用中丝在水准尺上读取米、分米、厘米,估读毫米,即读出 4 位有效数字。读数后,再检查一下符合水准管气泡两端的半影像是否吻合。若气泡不吻合,则应重新精平,重新读数。 6. 测量地面两点的高差。按上述 DS_3 型水准仪的使用方法,读出后视尺 A 的读数,再读出前视尺 B 的读数,根据高差的计算公式计算 A、B 两点的高差		
注意事项	1. 安置仪器时,应将仪器中心连接螺旋拧紧,防止仪器从脚架上脱落下来。 2. 水准仪为精密光学仪器,在使用中要按照操作规程作业,各个螺旋要正确使用。 3. 在读数前,务必将水准器的符合水准气泡严格符合,读数后应复查气泡符合情况,若气泡错开,应立即重新将气泡符合后再读数。 4. 转动各螺旋时,要稳、轻、慢,不能用力太大。 5. 发现问题,及时向指导教师汇报,不能自行处理。 6. 水准尺必须要有人扶着,绝不能立在墙边或靠在电杆上,以防摔坏水准尺。 7. 螺旋转到头要返转回来少许,切勿继续再转,以防脱扣		

工 作 单

日期：　　　　班级：　　　　组别：　　　　姓名：　　　　学号：

任务名称	水准仪的认识与技术操作	任务学时	2 学时
引导文			

1. 在下图数字对应的括号内写出该仪器部件的名称。

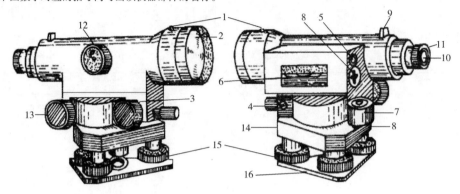

1-(　　);2-(　　);3-(　　);4-(　　);5-(　　);6-(　　);7-(　　);8-(　　);9-(　　);10-(　　);11-(　　);12-(　　);13-(　　);14-(　　);15-(　　);16-(　　)。

2. 用箭头标明如何转动三只脚螺旋，使下图所示的圆水准器气泡居中。

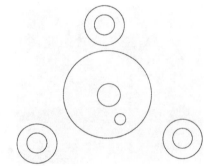

3. 对光消除视差的步骤是：转动＿＿＿＿＿＿使＿＿＿＿＿＿＿清晰，再转动＿＿＿＿＿＿＿螺旋，使＿＿＿＿＿＿＿＿＿清晰。如发现＿＿＿＿＿＿＿现象，说明存在＿＿＿＿＿＿＿，则必须再转动＿＿＿＿＿＿＿＿，直至＿＿＿＿＿＿＿面和＿＿＿＿＿＿＿面重合。

4. 用微倾式水准仪进行水准测量时，除了使圆水准气泡居中外，读数前还必须转动＿＿＿＿＿＿螺旋，使＿＿＿＿＿气泡居中，才能读数。

5. 下图所示水准尺读数为＿＿＿＿＿＿＿。

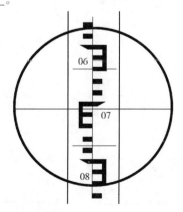

5

续上表

测量记录与计算
1. 水准尺读数 　　A. 尺的读数为( )m；B. 尺的读数为( )m。 2. 计算(假设 A 点的高程 $H_A = 150.789$m) 　　(1) A 点比 B 点(高、低)( )。 　　(2) AB 两点的高差 $h_{AB} = ($)m，求 B 点的高程 $H_B = ($)m。 　　(3) 水准仪的视线高 $H_i = ($)m，求 B 点的高程 $H_B = ($)m。
实训总结
考核评价

个人自评		小组互评		教师评价		任务成绩	

任务2　等外水准测量

任　务　单

任务名称	等外水准测量	任务学时	2学时
训练目的	1. 进一步熟悉水准仪的构造及使用方法。 2. 学会等外水准测量的实际作业过程。 3. 施测一闭合水准线路,计算其闭合差		
任务设计	1. 实训设备为每组 DS_3 型水准仪1台,水准尺2根,记录板1块,记录表格,铅笔,测伞1把,尺垫2个。 2. 从已知水准点 A 出发,水准测量至 B、C、D 点,然后再测至 A 点。根据已知点高程(或假定高程)及各测站的观测高差,计算水准路线的高差闭合差,并检查是否超限。如外业精度符合要求,对闭合差进行调整,求出待定点 B、C、D 的高程。 3. 实训结束时,每人上交一份实训报告		
方法 与步骤	1. 全组共同施测一条闭合水准路线,其长度以安置4~6个测站为宜。确定起始点及水准路线的前进方向。人员分工是:2人扶尺,1人记录,1人观测。施测1~2站后轮换工作。 2. 在每一站上,观测者首先应整平仪器,然后照准后视尺,对光、调焦、消除视差,再慢慢转动微倾螺旋,将管水准器的气泡严格符合后,读取中丝读数,记录员将读数记入记录表中。读后视读数,紧接着照准前视尺,用同样的方法读取前视读数。记录员把前、后视读数记好后,立即计算本站高差 h_i。 3. 按上述方法依次完成本闭合线路的水准测量。 4. 水准测量记录要特别细心,当记录者听到观测者所报读数后,要回报观测者,经默许后方可记入记录表中。观测者应注意复核记录者的复诵数字。 5. 观测结束后,立即算出高差闭合差 $f_h = \Sigma h_i$。如果 $f_h < f_{h容}$,说明观测成果合格,即可算出各立尺点高程(假定起点高程为100m)。否则,要进行重测		
注意事项	1. 水准测量工作,要求全组人员紧密配合,互谅互让,应团结协作。 2. 中丝读数一律取4位数,记录员也应记满4个数字,"0"不可省略。 3. 扶尺者要将尺扶直,与观测人员配合,选择好立尺点。 4. 水准测量记录,严禁涂改、转抄,不准用钢笔、圆珠笔记录,字迹要工整、整齐、清洁。 5. 每站水准仪应置于前、后尺距离基本相等处,以消除或减少视准轴不平行于水准管轴的误差及其他误差的影响。 6. 在转点上立尺,读完上一站前视读数后,在下站的测量工作未完成之前,绝对不能碰动尺垫或弄错转点位置。 7. 为校核每站高差的正确性,应按变换仪器高方法进行施测,以求得平均高差值作为本站的高差。 8. 限差要求:同一测站两次仪器高所测高差之差应小于5mm;水准路线高差闭合差的容许值为 $f_{h容}=\pm40\sqrt{L}$(或 $\pm12\sqrt{n}$)mm		

工 作 单

日期：　　　　班级：　　　　组别：　　　　姓名：　　　　学号：

任务名称	等外水准测量	任务学时	2学时
测量记录与计算			

测点	水准尺读数(m)		高差(m)		高程(m)	备注
	后视	前视	+	−		
Σ						
计算校核						

实训总结

考核评价							
个人自评		小组互评		教师评价		任务成绩	

任务3 精密水准仪的认识和使用

任 务 单

任务名称	精密水准仪的认识和使用	任务学时	2学时
训练目的	1.了解电子水准仪各部件的名称及作用。 2.练习水准仪的安置、粗平、瞄准、对光与读数。 3.测量地面两点间的高差		
任务设计	1.实训小组由3～5人组成。 2.实训设备为每组电子水准仪1台,条码标尺2根,记录板1块,记录表格,铅笔,测伞1把,尺垫2个。 3.实训场地安排不同高度的2个点,分别立2根条码标尺(编号为A、B),全班共用,便于检核实训结果。 4.每人按步骤独自完成仪器安置、整平、瞄准、对光、读数等技术操作。 5.练习观测A、B条码标尺,读数记录在实训报告中。 6.实训结束时,每人上交一份实训报告		
方法与步骤	1.将仪器安置在A、B两点之间,用圆水准器整平仪器,在A、B两点竖立条码标尺,使标尺尺面朝向仪器。 2.按开机键,并进入高差测量模式。 3.照准后视标尺,进行对光,以消除视差,按仪器外部的测量键,即可获得后视读数和后视距,检查无误后,按回车键,记录并存储结果。 4.转动照准部照准前视标尺,进行对光消除视差后,按测量键,即可获得前视读数和前视距。同时屏幕显示A、B两点的高差。 5.按"确定"键记录		
注意事项	1.安置仪器时,应将仪器中心连接螺旋拧紧,防止仪器从脚架上脱落下来。 2.电子水准仪为精密测量仪器,要防止日晒、雨淋、碰撞、振动。 3.换电池前必须关机。 4.仪器只能存放在干燥的室内。充电时,周围温度应在10～30℃之间。 5.转动各螺旋时,要稳、轻、慢,不能用力太大。 6.发现问题,及时向指导教师汇报,不能自行处理。 7.条码标尺必须要有人扶着,绝不能立在墙边或靠在电杆上,以防摔坏条码标尺		

工 作 单

日期：　　　　班级：　　　　组别：　　　　姓名：　　　　学号：

任务名称	精密水准仪的认识和使用	任务学时	2学时
引导文			
1.精密水准仪主要用于哪些测量工作中？精密水准仪与普通水准仪相比，有哪些特点？ 2.精密数字水准仪与精密光学水准仪相比，有哪些特点？			
测量记录与计算			
1.条码尺读数 　　A.尺的读数为（　　　）m；B.尺的读数为（　　　）m。 2.计算（假设 A 点的高程 $H_A = 150.789$m） 　　(1) A 点比 B 点（高、低）（　　　）。 　　(2) A、B 两点的高差 h_{AB} =（　　　）m，求 B 点的高程 H_B =（　　　）m。			
实训总结			
考核评价			
个人自评		小组互评		教师评价		任务成绩	

任务4 光学经纬仪的认识与技术操作

任 务 单

任务名称	光学经纬仪的认识与技术操作	任务学时	2学时
训练目的	1.认识经纬仪的一般构造。 2.熟悉经纬仪的技术操作方法。 3.熟悉用水平度盘变换钮设置水平度盘读数		
任务设计	1.实训设备为每组 DJ_2、DJ_6 光学经纬仪各1台,记录板1块,记录表格,铅笔,测伞1把。 2.实训结束时,每人上交一份实训报告		
方法与步骤	1.由指导教师讲解经纬仪的构造及技术操作方法。 2.学生自己熟悉经纬仪各螺旋的功能。 3.练习安置经纬仪,经纬仪的安置包括对中和整平两项内容。 (1)对中:即把经纬仪水平度盘的中心安置在所测角的顶点铅垂线上。方法是将仪器置于测站点上,使架头大致水平,三个脚螺旋的高度适中,光学对点器大致在测站点铅垂线上。转动对点器目镜看清分画板中心圈(十字丝),再拉动或旋转目镜,使测站点影像清晰。若中心圈(十字丝)与测站点相距较远,则应平移脚架,而后旋转脚螺旋,使测站点与中心圈(十字丝)重合。伸缩架腿,粗略整平圆水准器,再用脚螺旋使圆水准气泡居中。这时可移动基座精确对中,最后拧紧连接螺旋。 (2)整平:即使水平度盘处于水平位置,仪器竖轴铅直。通过调整三个脚螺旋使水准管气泡居中。 4.用望远镜瞄准远处目标。 (1)安置好仪器后,松开照准部和望远镜的制动螺旋,用粗瞄器初步瞄准目标,然后拧紧这两个制动螺旋。 (2)调节目镜对光螺旋,看清十字丝,再转动物镜对光螺旋,使望远镜内目标清晰,旋转水平微动和垂直微动螺旋,用十字丝精确照准目标,并消除视差。 5.练习水平度盘读数。 6.练习用水平度盘变换手轮设置水平度盘读数。 (1)用望远镜照准选定目标。 (2)拧紧水平制动螺旋,用微动螺旋准确瞄准目标。 (3)转动水平度盘变换手轮,使水平度盘读数设置到预定数值。 (4)松开制动螺旋,稍微旋转后,重新照准原目标,看水平度盘读数是否仍为原读数,否则需重新设置		
注意事项	1.经纬仪是精密仪器,使用时要十分谨慎小心,各个螺旋要慢慢转动。不准大幅度、快速地转动照准部及望远镜。 2.当一个人操作时,其他人员只作语言帮助,不能多人同时操作一台仪器。 3.每组中每人的练习时间要因时、因人而异,要互相帮助。 4.练习水平度盘读数时要注意估读的准确性。 5.用度盘变换钮设置水平度盘读数时,不能用微动螺旋设置分、秒数值,如果这样做,将使目标偏离十字丝交点		

工 作 单

日期：　　　　班级：　　　　组别：　　　　姓名：　　　　学号：

任务名称	光学经纬仪的认识与技术操作	任务学时	2学时
引导文			

1. DJ_2 光学经纬仪与 DJ_6 光学经纬仪的主要部件名称。

2. DJ_2 光学经纬仪与 DJ_6 光学经纬仪的构造区别有哪些？

测量记录与计算

1. DJ_6 光学经纬仪的读数

描绘度盘显示状态：

竖直度盘读数：＿＿＿＿＿＿＿＿＿＿　　　　水平度盘读数：＿＿＿＿＿＿＿＿＿＿

2. DJ_2 光学经纬仪的读数

描绘度盘显示状态：

竖直度盘读数：＿＿＿＿＿＿＿＿＿＿　　　　水平度盘读数：＿＿＿＿＿＿＿＿＿＿

实训总结

考核评价

个人自评		小组互评		教师评价		任务成绩	

任务5 水平角测量

任 务 单

任务名称	水平角测量	任务学时	2学时
训练目的	1.进一步熟悉经纬仪的构造、安置和技术操作方法。 2.学会用测回法观测水平角		
任务设计	1.试验安排2学时,试验小组由3~5人组成。 2.试验设备为每组光学经纬仪1台,记录板1块,记录表格,铅笔,测伞1把。花杆2根全班共用。 3.在试验场地每组打一木桩,桩顶钉一小钉或画十字作为测站点(如果是水泥地面,可用红色漆或粉笔在地面上画十字作为测站点),各组的测站点最好布置在一条直线上,以便教师指导,周围布置 A、B 两个目标,供测角共用。 4.在熟悉经纬仪的使用后,每人用测回法完成水平角2个测回,试验结束时,每人交一份试验报告		
方法与步骤	1.在一个指定的点上,安置经纬仪。 2.选择两个明显的固定点作为观测目标或用花杆标定两个目标。 3.用测回法测定其水平角值。其观测程序如下: (1)安置好仪器以后,以盘左位置照准左方目标,并读取水平度盘读数。记录人听到读数后,立即回报观测者,经观测者默许后,立即记入测角记录表中。 (2)顺时针旋转照准部照准右方目标,读取其水平度盘读数,并记入测角记录表中。 (3)由(1)、(2)两步完成了上半测回的观测,记录者在记录表中要计算出上半测回角值。 (4)将经纬仪盘右位置,先照准右方目标,读取水平度盘读数,并记入测角记录表中。其读数与盘左时的同一目标读数大约相差180°。 (5)逆时针转动照准部,再照准左方目标,读取水平度盘读数,并记入测角记录表中。 (6)由(4)、(5)两步完成了下半测回的观测,记录者再计算出其下半测回角值。 (7)至此便完成了一个测回的观测。如上半测回角值和下半测回角值之差没有超限(不超过±40″),则取其平均值作为一测回的角度观测值,也就是这两个方向之间的水平角。 4.如果观测不止1个测回,而是要观测 n 个测回,那么在每测回要重新设置水平度盘起始读数,即左方目标每测回在盘左观测时,水平度盘应设置 $\dfrac{180°}{n}$ 的整倍数来观测		
注意事项	1.在记录前,首先要弄清记录表格的填写次序和填写方法。 2.每一测回的观测中间,如发现水准管气泡偏离,也不能重新整平。本测回观测完毕,下一测回开始前再重新整平仪器。 3.在照准目标时,要用十字丝竖丝照准目标的明显地方,最好看目标下部,且上半测回照准什么部位,下半测回仍照准这个部位。 4.长条形较大目标需要用十字丝双丝来照准,点目标用单丝平分。 5.在选择目标时,最好选取不同高度的目标进行观测		

工 作 单

日期：　　　　班级：　　　　组别：　　　　姓名：　　　　学号：

任务名称	水平角测量	任务学时	2学时
引导文			
请描述水平角测量的步骤（绘示意图辅助说明）			
测量记录与计算			

测站	盘位	目标	水平度盘读数 (° ′ ″)	水平角 半测回值 (° ′ ″)	水平角 测回值 (° ′ ″)	备注
	左					
	右					
	左					
	右					

实训总结

考核评价							
个人自评		小组互评		教师评价		任务成绩	

任务6 竖直角测量

任 务 单

任务名称	竖直角测量	任务学时	2学时
训练目的	1.学会竖直角的测量方法。 2.学会竖直角及竖盘指标差的记录、计算方法		
任务设计	1.实训设备为每组光学经纬仪1台,记录板1块,记录表格,铅笔,测伞1把。 2.选择实训场地周围3个以上目标,目标最好高、低都有,以便观测的角度可以出现仰角,也可以出现俯角。高目标可选择避雷针、电视天线等的顶部,低目标可选择地面上的一个低点。 3.每人练习对一个目标进行竖直角观测一个测回,记入实训工作单		
方法与步骤	1.在某指定点上安置经纬仪。 2.以盘左位置将望远镜物镜端抬高,即当视准轴逐渐向上倾斜时,观察竖盘读数是增加还是减少,借以确定竖直角和指标差的计算公式。 3.用测回法测定竖直角,其观测程序如下: (1)安置好经纬仪后,盘左位置照准目标,读取竖直度盘的读数 $L_{读}$。记录者将读数值 $L_{读}$ 记入竖直角测量记录表中。 (2)根据竖直角计算公式,在记录表中计算出盘左时的竖直角 $α_{左}$。 (3)再用盘右位置照准目标,读取其竖直度盘读数 $R_{读}$。记录者将读数值 $R_{读}$ 记入竖直角测量记录表中。 (4)根据竖直角计算公式,在记录表中计算出盘右时的竖直角 $α_{右}$。 (5)计算一测回竖直角值和指标差		
注意事项	1.直接读取的竖盘读数并非竖直角,竖直角通过计算才能获得。 2.竖盘因其刻划注记和始读数的不同,计算竖直角的方法也就不同,要通过检测来确定正确的竖直角和指标差计算公式。 3.盘左、盘右照准目标时,要用十字丝横丝照准目标的同一位置。 4.在竖盘读数前,务必要使竖盘指标水准管气泡居中		

工 作 单

日期：　　　　班级：　　　　组别：　　　　姓名：　　　　学号：

任务名称	竖直角测量	任务学时	2学时

引导文
请描述竖直角测量的步骤(绘示意图辅助说明)

测量记录与计算							
测站	盘位	目标	竖盘读数 (°′″)	半测回竖直角 (°′″)	指标差 (″)	一测回竖直角 (°′″)	备注
	左						
	右						
	左						
	右						

实训总结

考核评价							
个人自评		小组互评		教师评价		任务成绩	

任务7 钢尺量距和视距测量

任 务 单

任务名称	钢尺量距和视距测量	任务学时	2学时
训练目的	1. 能利用钢尺(皮尺)通过目估定线进行距离丈量。 2. 能利用经纬仪进行视距测量		
任务设计	1. 试验小组由6人组成。 2. 试验设备为钢尺、经纬仪、标杆、测杆、记录板、2m小卷尺、测伞。 3. 在地面确定2个固定点用于钢尺量距。 4. 试验结束时,每人上交一份试验报告		
方法与步骤	1. 钢尺量距 (1) 在平坦的地面上标定 A、B 两点,两点间距离 80~90m。 (2) 在标定好的 A、B 两点立标杆,进行直线定线。 (3) 拉尺丈量。丈量时后尺手拿尺的零端,前尺手拿尺的末端,两尺手蹲下,后尺手把零点对准 A 点,喊"预备",前尺手把尺边近靠定线标志钎,两人同时拉紧尺子,当尺拉稳后,后尺手喊"好",前尺手对准尺的终点刻画将一测钎竖直插在地面上。这样就量完了第一尺段。 (4) 用同样的方法,继续向前量第二、第三……第 N 尺段。量完每一尺段时,后尺手必须将插在地面上的测钎拔出收好,用来计算量过的整尺段数。最后量不足一整尺段的距离。 (5) 调转尺头用以上方法从 B 至 A 进行返测,直至 A 点为止。 (6) 在符合精度要求时,取往返距离的平均值作为丈量结果。 2. 视距测量 (1) 将经纬仪安置在 A 点,对中、整平。 (2) 量仪器高 i(量至 cm)。 (3) 将视距尺立于 B 点,用望远镜瞄准视距尺,分别读出上、下视距丝和中丝读数,再读取竖盘读数,并将所有读得的数据记入视距测量手簿中。 (4) 根据上、下丝视距读数,算出尺间隔 n,把竖盘读数换算为竖角,再计算测站到测点的水平距离和高差		
注意事项	1. 丈量距离会遇到地面平坦、起伏或倾斜等各种不同的地形情况,但无论何种情况,丈量距离有三个基本要求:直、平、准。直,就是要量两点间的直线长度,不是折线或曲线长度,为此定线要直,尺要拉直;平,就是要量两点间的水平距离,要求尺身水平,如果量取斜距也要改算成水平距离;准,就是对点、投点、计算要准,丈量结果不能有错误,并符合精度要求。 2. 丈量时,前后尺手要配合好,尺身要置水平,尺要拉紧,用力要均匀,投点要稳,对点要准,尺稳定时再读数。 3. 钢尺在拉出和收卷时,要避免钢尺打卷。在丈量时,不要在地上拖拉钢尺,更不要扭折,防止行人踩和车压,以免折断。 4. 尺子用过,要用软布擦干净,涂以防锈油,再卷入盒中		

工 作 单

日期：　　　　班级：　　　　组别：　　　　姓名：　　　　学号：

任务名称	钢尺量距和视距测量	任务学时	2学时
测量记录与计算			

1. 钢尺量距记录

测线		整尺段	零尺段	总计	较差	精度	平均值	备注
	往							
	返							
	往							
	返							

2. 视距测量记录

观测点	视距读数(m)			视距间隔(m)	竖直角(°′)	仪器高(m)	仪器高减中丝读数(m)	高差(m)	测站高程(m)	观测点高程(m)	水平距离(m)
	上丝读数	中丝读数	下丝读数								

实训总结

考核评价							
个人自评		小组互评		教师评价		任务成绩	

任务8 全站仪的认识与技术操作

任 务 单

任务名称	全站仪的认识与技术操作	任务学时	2学时
训练目的	1.认识全站仪的构造及功能键。 2.熟悉全站仪的一般操作		
任务设计	1.实训设备为每组全站仪1台,记录板1块,记录表格,铅笔,测伞1把,棱镜2个。 2.每人按步骤独自完成仪器安置、整平、瞄准、精平、读数等技术操作。 3.练习距离丈量,角度测量		
方法与步骤	1.安置仪器 (1)在测站点A安置全站仪,对中、整平。如果使用外接电源时,用电缆线连接电源与全站仪。 (2)在测点安置三脚架,进行对中、整平,并将安装好棱镜的棱镜架安装在三脚架上。通过棱镜上的缺口使棱镜对准望远镜,在棱镜架上安装照准用觇板。 2.检测 开机,检测电源电压,看是否满足测距要求。 3.水平角测量 (1)按角度测量键,使全站仪处于角度测量模式,照准第一个目标A。 (2)设置A方向的水平度盘读数为0°00′00″。 (3)照准第二个目标B,此时显示的水平度盘读数即为两方向间的水平夹角。 4.距离测量 (1)设置棱镜常数。测距前须将棱镜常数输入仪器中,仪器会自动对所测距离进行改正。 (2)设置大气改正值或气温、气压值。实测时,可输入温度和气压值,全站仪会自动计算大气改正值(也可直接输入大气改正值),并对测距结果进行改正。 (3)测量仪器高、棱镜高并输入全站仪。 (4)距离测量。照准目标棱镜中心,按测距键,距离测量开始,测距完成时显示斜距、平距、高差。 全站仪的测距模式有精测模式、跟踪模式、粗测模式三种		
注意事项	1.不同厂家生产的全站仪,其功能和操作方法也会有较大的差别,实训前须认真阅读其中的有关内容或全站仪的操作手册。 2.全站仪是很贵重的精密仪器,在使用过程中要十分细心,以防损坏。 3.在测距方向上不应有其他的反光物体(如其他棱镜、水银镜面、玻璃等),以免影响测距成果。 4.不能把望远镜对向太阳或其他强光,在测程较大、阳光较强时要给全站仪和棱镜分别打伞。 5.连接及去掉外接电源时应在教师指导下进行,以免损坏插头。 6.全站仪的电池在充电前须先放电,充电时间也不能过长,否则会使电池容量减小,寿命缩短。 7.电池应在常温下保存,长期不用时应每隔3~4个月充电一次。 8.外业工作时应备好外接电源,以防电池不够用		

工 作 单

日期：　　　　班级：　　　　组别：　　　　姓名：　　　　学号：

任务名称	全站仪的认识与技术操作	任务学时	2学时

引导文
1. 全站仪有哪些功能？其外部构件主要由哪几部分组成？   2. 请列出目前生产一线所使用的全站仪品牌。

测量记录与计算

1. 角度测量实施过程记录

测站	盘位	目标	水平度盘读数 （°′″）	水平角		备注
				半测回值 （°′″）	测回值 （°′″）	
	左					
	右					

2. 距离测量实施过程记录

直线段名：_____—_____，其平距的测量值如下：
第一次：_____ m；第二次：_____ m；第三次：_____ m；平均：_____ m

实训总结

考核评价						
个人自评		小组互评		教师评价		任务成绩

任务9 GPS的认识与技术操作

任 务 单

任务名称	GPS的认识与技术操作	任务学时	2学时
训练目的	1.认识GPS的构造及功能键。 2.熟悉GPS的一般操作		
任务设计	1.实训小组由3~5人组成。 2.实训设备为每组基站1个,流动站3~5个,记录板1块,记录表格,铅笔,测伞1把,电瓶1个。 3.每人按步骤独自完成仪器安置、读数等技术操作。 4.实训结束时,每人上交一份实训报告		
方法与步骤	1.使用前首先要检查仪器各部件是否完好,电池、内存是否足够。 2.检查脚架、基座是否完好,否则不能使用。 3.作业运输时,应将接收机放置于仪器箱内,并采取防震措施,不得碰撞、倒置和重压。 4.架设仪器前要检查脚架是否稳固安全,仪器是否稳固地连接在脚架、基座上,以防止仪器意外跌落。 5.架设好GPS接收机,检查确认接收机的各项功能设置。 6.GPS接收机采集信号时,每个时段观测前后各量取天线高度一次,两次互差不得大于3mm,GPS天线高的量测一般都是量的斜高,不要人为地改为垂直高;要对称量两个方向,然后取平均值;观测中作业员要逐项填写测量手薄。 7.一个时段观测过程中严禁以下操作:关闭接收机重新启动;进行自测试;改装接收机预设参数,改变天线位置,按关闭和删除文件功能键等。 8.在观测过程中,不应靠近接收机使用手机、对讲机,其距离应保持在10m以上,以防降低观测精度。 9.GPS接收机在搬站的过程中,应将前两台接收机固定不动,将后两台向前移动,确保异步环之间通过相同的基线边连接。 10.GPS接收机数据在传输前,应设置好各项参数并将各观测数据对应的点名、观测时段、天线高输入观测数据,以备解算基线使用		
注意事项	1.实训前须认真阅读其中的有关内容或GPS的操作手册。 2.GPS是很贵重的精密仪器,在使用过程中要十分细心,以防损坏。 3.连接及去掉外接电源时应在教师指导下进行,以免损坏插头。 4.GPS的电池在充电前须先放电,充电时间也不能过长,否则会使电池容量减小,寿命缩短。 5.电池应在常温下保存,长期不用时应每隔3~4个月充电一次。 6.外业工作时应备好外接电源,以防电池不够用		

工 作 单

日期： 班级： 组别： 姓名： 学号：

任务名称	GPS 的认识与技术操作	任务学时	2 学时
引导文			
1.什么是 GPS？有什么特点？ 2.简述 RTK 的工作原理？ 3.RTK 系统一般由哪几部分组成？			
实训记录			
实训总结			
考核评价			
个人自评	小组互评	教师评价	任务成绩

第三部分 综合技能实训

任务1 控制测量及地形测量

任务1.1 闭合导线测量及数据处理

任务单

模块名称	控制测量及地形测量	任务名称	闭合导线测量及数据处理	任务学时	4学时
训练目的	1. 了解导线的相关技术要求。 2. 掌握闭合导线外业观测过程。 3. 掌握全站仪测水平角、水平距离的具体方法。 4. 测量闭合导线中各待定点的平面坐标				
实训设计	1. 实训小组由 4~5 人组成。 2. 实训设备为全站仪 1 台,棱镜 1 套,记录板 1 块,记录表格,铅笔,测伞 1 把。 3. 实训场地选定一条闭合导线,其中 1 个已知控制点,3 个待定控制点,沿线建立待定点的地面标志。 4. 在教师演示操作方法的基础上,每组都要按照步骤进行闭合导线的角度及距离测量。其中每人都要独立进行一测站的观测。 5. 实训结束时,每人上交一份实训报告				
方法与步骤	1. 踏勘选点,建立标志。在选点前,应先收集测区已有地形图和已有高级控制点的成果资料,将控制点展绘在原有地形图上,然后在地形图上拟定闭合导线布设方案,最后到野外踏勘、核对、修改、落实导线点的位置,并建立标志。 2. 导线边长测量。用全站仪量测导线边长时,需进行往返测量。对于图根控制测量,一般情况下,平坦地区的测量精度应高于 1/3000,在山区起伏地区也不应低于 1/2000。 3. 水平角观测。导线转折角的测量一般采用测回法观测。在附合导线中一般统一观测左角或右角(在公路测量中,一般观测右角)。在闭合导线中一般测内角,当采用顺时针方向编号时,闭合导线的右角即为内角;当采用逆时针方向编号时,则左角即为内角。对于支导线,应分别观测左、右角。 4. 导线测量的内业计算。根据导线外业观测记录表内容完成内业计算的各项内容。 其中对于图根控制测量,限差要求:$f_{\beta容} = \pm 60\sqrt{n}$, $K_{容} = 1/2000$				
注意事项	1. 本次实训内容多,各组同学要互相帮助,以防出现事故。 2. 借领的仪器、工具在实训中要保管好,防止丢失。 3. 闭合导线尽量布置成凸多边形。 4. 导线点应选在视野开阔,土质坚实,并保证相邻点通视,边长大致相等。 5. 记录数据要准确清晰,外业观测完毕后,立即做内业计算				

工 作 单

日期：　　　　班级：　　　　组别：　　　　姓名：　　　　学号：

模块名称	控制测量及地形测量	任务名称	闭合导线测量及数据处理	任务学时	4学时

引导文

1. 平面控制测量主要有＿＿＿＿＿和＿＿＿＿＿。
2. 导线的布置形式有＿＿＿＿、＿＿＿＿、＿＿＿＿。
3. 请绘制布设导线草图。

4. 导线的转折角有＿＿＿和＿＿＿之分，以导线为界，按编号顺序方向前进，在前进方向左侧的角称为＿＿＿，在前进方向右侧的角称为＿＿＿。

实训记录

导线外业记录表

测点	盘位	目标	水平度盘读数 (°′″)	水平角 半测回值 (°′″)	水平角 一测回值 (°′″)	边长
						边长名：＿＿＿＿ 第一次 = ＿＿＿＿ m 第二次 = ＿＿＿＿ m 平　均 = ＿＿＿＿ m K = ＿＿＿＿
						边长名：＿＿＿＿ 第一次 = ＿＿＿＿ m 第二次 = ＿＿＿＿ m 平　均 = ＿＿＿＿ m K = ＿＿＿＿
						边长名：＿＿＿＿ 第一次 = ＿＿＿＿ m 第二次 = ＿＿＿＿ m 平　均 = ＿＿＿＿ m K = ＿＿＿＿

续上表

测点	盘位	目标	水平度盘读数 (° ′ ″)	水平角		边长
				半测回值 (° ′ ″)	一测回值 (° ′ ″)	
						边长名：_____ 第一次 = _____ m 第二次 = _____ m 平　均 = _____ m K = _____
						边长名：_____ 第一次 = _____ m 第二次 = _____ m 平　均 = _____ m K = _____
校核	内角和闭合差 f_β =					

另附闭合导线坐标计算表(见下页)

实训总结

考核评价							
个人自评		小组互评		教师评价		任务成绩	

续上表

点号	转折角 (° ′ ″)	改正后 转折角 (° ′ ″)	方位角 (° ′ ″)	边长 (m)	坐标增量 (m)		改正后的坐标增量 (m)		坐标 (m)		点号
					△X	△Y	△X	△Y	X	Y	
Σ											
辅助 计算											

闭合导线坐标计算表

任务1.2 附合导线测量及数据处理

任 务 单

模块名称	控制测量及地形测量	任务名称	附合导线测量及数据处理	任务学时	2学时
训练目的	1. 了解导线的相关技术要求。 2. 掌握附合导线外业观测过程。 3. 掌握全站仪测水平角、水平距离的具体方法。 4. 测量附合导线中各待定点的平面坐标				
实训设计	1. 实训设备为全站仪1台,棱镜1套,记录板1块,记录表格,铅笔,测伞1把。 2. 实训场地选定一条附合导线,其中2个已知控制点,2个待定控制点,沿线建立待定点的地面标志。 3. 在教师演示操作方法的基础上,每组都要按照步骤进行附合导线的角度及距离测量。其中每人都要独立进行一测站的观测				
方法 与步骤	1. 踏勘选点,建立标志。在选点前,应先收集测区已有地形图和已有高级控制点的成果资料,将控制点展绘在原有地形图上,然后在地形图上拟定附合导线布设方案,最后到野外踏勘、核对、修改、落实导线点的位置,并建立标志。 2. 导线边长测量。用全站仪量测导线边长时,需进行往返测量。对于图根控制测量,一般情况下,平坦地区的测量精度应高于1/3000,在山区起伏地区也不应低于1/2000。 3. 水平角观测。 (1)转折角测量。导线转折角的测量一般采用测回法观测。在附合导线中一般统一观测左角或右角(在公路测量中,一般观测右角)。在闭合导线中一般测内角,当采用顺时针方向编号时,闭合导线的右角即为内角;当采用逆时针方向编号时,则左角即为内角。对于支导线,应分别观测左、右角。 (2)连接测量。将导线与高级控制点进行连接,以取得坐标和坐标方位角的起算数据,称为连接测量。如果附近无高级控制点,可用罗盘仪测出导线起始边的磁方位角以确定导线的方向,并假定起始点的坐标为起算数据。 4. 导线测量的内业计算。根据导线外业观测记录表内容完成内业计算的各项内容。其中对于图根控制测量,限差要求:$f_{\beta容} = \pm 60\sqrt{n}$, $K_容 = 1/2000$				
注意事项	1. 本次实训内容多,各组同学要互相帮助,以防出现事故。 2. 借领的仪器、工具在实训中要保管好,防止丢失。 3. 导线点应选在视野开阔,土质坚实,并保证相邻点通视,边长大致相等。 4. 记录数据要准确清晰,外业观测完毕后,立即做内业计算。				

工 作 单

日期：　　　班级：　　　组别：　　　姓名：　　　学号：

模块名称	控制测量及地形测量	任务名称	附合导线测量及数据处理	任务学时	2学时

引导文

1. 请绘制布设导线草图。

实训记录

导线外业记录表

测点	盘位	目标	水平度盘读数 (° ′ ″)	水平角 半测回值 (° ′ ″)	水平角 一测回值 (° ′ ″)	边长
						边长名：＿＿＿＿ 第一次 = ＿＿＿＿ m 第二次 = ＿＿＿＿ m 平　均 = ＿＿＿＿ m K = ＿＿＿＿
						边长名：＿＿＿＿ 第一次 = ＿＿＿＿ m 第二次 = ＿＿＿＿ m 平　均 = ＿＿＿＿ m K = ＿＿＿＿
						边长名：＿＿＿＿ 第一次 = ＿＿＿＿ m 第二次 = ＿＿＿＿ m 平　均 = ＿＿＿＿ m K = ＿＿＿＿
						边长名：＿＿＿＿ 第一次 = ＿＿＿＿ m 第二次 = ＿＿＿＿ m 平　均 = ＿＿＿＿ m K = ＿＿＿＿

续上表

测点	盘位	目标	水平度盘读数 (° ′ ″)	水平角		边长
				半测回值 (° ′ ″)	一测回值 (° ′ ″)	
						边长名：_____ 第一次 = _____ m 第二次 = _____ m 平　均 = _____ m K = _____
校核		内角和闭合差 f_β =				

另附附合导线坐标计算表（见下页）

实训总结

考核评价							
个人自评		小组互评		教师评价		任务成绩	

29

续上表

附合导线坐标计算表

点号	转折角 (° ′ ″)	改正后 转折角 (° ′ ″)	方位角 (° ′ ″)	边长 (m)	坐标增量 (m)		改正后的坐标增量 (m)		坐标 (m)		点号
					$\triangle X$	$\triangle Y$	$\triangle X$	$\triangle Y$	X	Y	
Σ											
辅助 计算											

任务1.3 四等水准测量及数据处理

任 务 单

模块名称	控制测量及地形测量	任务名称	四等水准测量及数据处理	任务学时	2学时
训练目的		1.学会用双面水准尺进行四等水准测量的观测、记录、计算方法。 2.熟悉四等水准测量的主要技术指标,掌握测站及水准路线的检核方法			
实训设计		1.实训设备为DS₃型水准仪1台,双面水准尺2根,记录板1块,尺垫2个,记录表格,铅笔,测伞1把。 2.实训场地选定一条闭合水准路线,其中1个已知水准点,3个待定点,其长度以安置4测站为宜。沿线标定待定点的地面标志。 3.在教师演示操作方法的基础上,每组都要按照步骤进行闭合水准路线的高程测量。其中每人都要独立进行一测站的观测			
方法与步骤		1.单测站安置仪器,并测量。在选定的水准路线上进行施测,首先在起点与第一个立尺点之间设站,安置仪器按以下观测顺序观测:后视黑面—前视黑面—前视红面—后视红面。 2.单测站计算。 (1)视距的计算与检核。计算后视距,前视距,前、后视距差及前、后视距差累积。 (2)水准尺读数的检核。前尺红黑面读数差、后尺红黑面读数差检核。 (3)高差的计算与检核。黑面高差、红面高差、黑红面高差之差及高差的平均值检核。 3.全路线依次施测。 4.全路线计算			
注意事项		1.每站观测结束后应当立即计算检核,若有超限则重测该测站。全路线施测计算完毕,各项检核已符合,路线闭合差也在限差之内,即可收测。 2.仪器前后尺视距一般不超过80m。 3.双面水准尺每两根为一组,其中一根常数为 $K_1=4.687$m,另一根常数为 $K_2=4.787$m,两尺的红面读数相差0.100m。在测量过程中,两尺要交替前进,即后变前,前变后,不能搞乱			

工 作 单

日期：　　　　班级：　　　　　组别：　　　　姓名：　　　　学号：

模块名称	控制测量及地形测量	任务名称	四等水准测量及数据处理	任务学时	2学时
引导文					
1. 高程控制测量主要有_____和_____。 2. 水准路线的布设形式有_____、_____、_____。 3. 请绘制水准路线的草图。 4. 在四等水准测量中，前后视距差要求应小于_____m，前后视距累积差应小于_____m，黑红面读数差不得大于_____m，黑红面高差之差不得大于_____m。					
实训记录					
另附四等水准测量记录表（见下页）					
实训总结					
考核评价					
个人自评		小组互评		教师评价	任务成绩

续上表

四等水准测量记录表

测站编号	点号	后尺 上丝(m) 下丝(m) 后视距(m) 视距差 d(m)	前尺 上丝(m) 下丝(m) 前视距(m) ∑d(m)	方向及尺号	水准尺读数(m) 黑面	水准尺读数(m) 红面	K+黑−红 (mm)	平均高差(m)	备注
		(1)	(4)	后视	(3)	(8)	(14)		
		(2)	(5)	前视	(6)	(7)	(13)		
		(9)	(10)	高差	(15)	(16)	(17)	(18)	
		(11)	(12)						
				后视 K_1					
				前视 K_2					
				高差					
				后视 K_2					K 为尺常数: $K_1=4.787$ $K_2=4.687$
				前视 K_1					
				高差					
				后视 K_1					
				前视 K_2					
				高差					
				后视 K_2					
				前视 K_1					
				高差					
每页校核									

33

任务 1.4 经纬仪测绘法测图

任 务 单

模块名称	控制测量及地形测量	任务名称	经纬仪测绘法测图	任务学时	2学时
训练目的	\multicolumn{5}{l|}{ 1. 掌握经纬仪测绘法测图的施测过程。 2. 了解用经纬仪测绘法施测碎部点的方法。 3. 绘制某测区内的大比例尺地形图 }				
实训设计	\multicolumn{5}{l|}{ 1. 实训设备为经纬仪1台,花杆1根,塔尺1根,记录板1块,量角器1个,小平板1套,记录表格,铅笔,测伞1把。 2. 在原有控制测量的测区基础上,进行地形图测绘。 3. 在教师演示操作方法的基础上,每组都要按照步骤进行经纬仪测绘法测图。其中每人都要独立进行一测站的观测 }				
方法与步骤	\multicolumn{5}{l|}{ 1. 安置仪器。在选定的测站上安置经纬仪,量取仪器高,并在经纬仪旁边架设小平板(图纸已裱糊在小平板上)。 2. 经纬仪测绘法测量。 (1)碎部点选择。选择碎部点的根据是测图比例尺、测区内地物和地貌的状况。对于地物特征点,为地物的轮廓线和边界线的转折和交叉点。对于地貌特征点,为地性线上的坡度或方向变化点。 (2)观测。经纬仪盘左位置照准起始方向后,水平度盘设置成0°00′00″。用经纬仪望远镜的十字丝中丝照准所测地形视距尺上的"便利高"分划处的标志,读取水平角、竖盘读数(计算出竖直角)及视距间隔,算出视距,并用视距和竖直角计算高差和平距,同时根据测站点的假定高程计算出此地形点的高程。 (3)展绘碎部点。绘图人员用量角器从起始方向量取水平角,定出方向线,在此方向线上依测图比例尺量取平距,所得点位就是把该地形点按比例尺测到图纸上的点,然后在点的右旁标注其高程。 3. 地形图绘制。用同样的方法,可将其他地形特征点测到图纸上,并描绘出地物轮廓线或等高线。人员分工是1人观测、1人绘图、1人记录和计算、1人跑尺,每人测绘数点后,再交换工作 }				
注意事项	\multicolumn{5}{l|}{ 1. 此测图方法,经纬仪负责全部观测任务,小平板只起绘图作用。 2. 起始方向选好后,经纬仪在此方向上要严格设置成0°00′00″。观测期间要经常进行检查,发现问题及时纠正或重测。 3. 记录、计算要迅速准确,保证无误。 4. 测图中要保持图纸清洁,尽量少画无用线条。 5. 仪器和工具比较多,要各负其责,既不出现仪器事故,又不丢失测图工具。 6. 跑尺者与观测者要按预先约定好的旗语手势进行作业 }				

工 作 单

日期：　　　　班级：　　　　组别：　　　　姓名：　　　　学号：

模块名称	控制测量及地形测量	任务名称	经纬仪测绘法测图	任务学时	2学时
实训记录					

点号	视距读数(m)			竖盘读数 L (°′)	水平读数 β (°′)	水平距离 (m)	高程 H (m)	备注
	上丝读数 (m)	下丝读数 (m)	上下丝之差 (m)					
								皮尺量距的碎部点直接填写水平距离

请在此处绘制地形图草图

实训总结

考核评价

个人自评		小组互评		教师评价		任务成绩	

任务1.5 全站仪数字测图

任 务 单

模块名称	控制测量及地形测量	任务名称	全站仪数字测图	任务学时	2学时
训练目的	1.掌握全站仪数字测图的施测过程。 2.了解用全站仪数字测绘法施测碎部点的方法。 3.绘制某测区内的大比例尺数字地形图				
实训设计	1.实训小组由4～5人组成。 2.实训设备为全站仪1台,棱镜1套,记录板1块,记录表格,铅笔,测伞1把。 3.在原有控制测量的测区基础上,进行地形图测绘。 4.在教师演示操作方法的基础上,每组都要按照步骤进行全站仪数字测图。 5.实训结束时,每组上交绘制的数字地形图1份,每人上交一份实训报告				
方法 与步骤	1.控制测量。在选定的测区内布设导线,并用全站仪进行控制测量的数据采集。(此项工作教师可安排学生提前完成,或是利用前面控制测量实训的数据) 2.数据采集与编码。数据采集模式分为两种:一种为测记法,在没有编码的情况下,需绘制草图,有编码的情况下,需对采集数据进行有效归类;另一种为电子平板法,该方法随测、随记、随显示,现场实时成图。 3.数据传输。数据传输是把存储在仪器中的野外测量数据通过传输线及程序下载到计算机中。 4.数据处理与图形生成。首先将传输后的数据转换成与成图软件格式相符的坐标文件调入成图系统。然后根据地形点编码中的分类信息,可以自动将测点分层存储和调用相应的图示符号。根据编码中的连线信息,可以自动用指定的线条和线形在点与点之间连线。 5.成果输出				
注意事项	1.测点记录人员(绘草图人员)要熟悉地形、地物的表示方法,迅速地确定特征点采集的位置,还要能做出清晰、明了的关系及属性记录,以确保成果质量。 2.数据记录员应灵活指导立镜员在相同形状或对称性的地形、地物中,正确地选择地物的特征点,有效减少野外采集工作量,提高工作效率。 3.房屋的附属建筑(如台阶、门廊、阳台等)和房屋轮廓线的交点可不在野外实地采集,可利用计算机编辑成图软件相关功能绘制。 4.圆形地物应在圆周上采集均匀分布的三点坐标,较小的圆也可采集直径方向的两个点的坐标。 5.地物较多时,最好采取分类立镜采点,以免绘图员连错,不应单纯为立镜员方便而随意立镜采点				

工 作 单

日期：　　　　班级：　　　　组别：　　　　姓名：　　　　学号：

模块名称	控制测量及地形测量	任务名称	全站仪数字测图	任务学时	2学时
实训记录					
绘制草图区域					
实训总结					
考核评价					
个人自评		小组互评		教师评价		任务成绩	

任务2 轨道线路测量

任务2.1 圆曲线主点测设

任 务 单

模块名称	轨道线路测量	任务名称	圆曲线主点测设	任务学时	2学时
训练目的	1.掌握路线交点转角的测定方法。 2.掌握圆曲线主点里程的计算方法及测设过程。 3.根据设计要求,进行某一圆曲线的测设				
实训设计	1.实训设备为全站仪1台,棱镜1套,记录板1块,木桩3个。 2.在某一平坦地区,根据设计要求,进行圆曲线的主点测设。 3.在教师演示操作方法的基础上,每组都要按照步骤进行圆曲线的主点测设。其中每人都要独立进行一个主点的测设				
方法与步骤	1.定交点。在平坦地区定出路线导线的3个交点(JD_1、JD_2、JD_3),如下图所示,并在所选点上用木桩标定其位置。导线边长要大于80m,目估$\beta_右<145°$。 2.测转角。在交点JD_2上安置经纬仪,用测回法观测出$\beta_右$,并计算出转角$\alpha_右=180°-\beta_右$。 3.计算曲线主点测设元素及主点里程。假定圆曲线半径$R=100m$,然后根据R和$\alpha_右$,计算曲线测设元素L、T、E、D及各个主点里程。 4.测设圆曲线主点。(1)在JD_2—JD_1方向线上,自JD_2量取切线长T,得圆曲线起点ZY,插一测钎,作为起点桩。(2)在JD_2—JD_3方向线上,自JD_2量取切线长T,得圆曲线终点YZ,插一测钎,作为终点桩。(3)用经纬仪设置$\beta_右/2$的方向线,即$\beta_右$的角平分线。在此角平分线上自JD_2量取外距E,得圆曲线中点QZ,插一测钎,作为中点桩。 5.检核。站在曲线内侧观察ZY、QZ、YZ桩是否有圆曲线的线形,以作为概略检核。交换工种后再重复(1)、(2)、(3)的步骤,看两次设置的主点位置是否重合。如果不重合,而且差得太大,那就要查找原因,重新测设。如在容许范围内,则点位即可确定				
注意事项	1.为使实训直观便利,克服场地的限制,本次实训规定$30°<\alpha_右<40°$,$R=100m$。 2.计算主点里程时要两人独立计算,加强校核,以防算错。 3.本次实训事项较多,小组人员要紧密配合,保证实训顺利完成				

工 作 单

模块名称	轨道线路测量	任务名称	圆曲线主点测设	任务学时	2学时
引导文					

1. 路线中线是由_____和_____两部分组成。
2. 平曲线包括_____和_____两种。
3. 里程桩可分为_____和_____两种。
4. 若某桩点距路线起点的里程为2456.257m,则桩号记为_____。
5. 圆曲线的主点有_____、_____、_____。
6. 圆曲线的测设元素是指_____、_____、_____和_____。

实训记录						
交点号				交点桩号		
转角观测	盘位	目 标	水平度盘读数 (° ′ ″)	半测回右角值 (° ′ ″)	右角 (° ′ ″)	转角 (° ′ ″)
	盘左					
	盘右					
曲线元素	R(半 径)= $\quad$ α(转 角)= T(切线长)= $\quad$ L(曲线长)= E(外 距)= $\quad$ D(超 距)=						
主点桩号推算							

续上表

主点测设方法	测设过程	
	测设草图	

实训总结

考核评价						
个人自评		小组互评		教师评价		任务成绩	

任务2.2 圆曲线详细测设——切线支距法

任 务 单

模块名称	轨道线路测量	任务名称	圆曲线详细测设——切线支距法	任务学时	2学时
训练目的	1.学会用切线支距法详细测设圆曲线。 2.掌握切线支距法测设数据的计算及测设过程				
实训设计	1.实训设备为全站仪1台,棱镜1套,记录板1块,方向架1个。 2.在某一平坦地区,根据设计要求,利用切线支距法进行圆曲线的详细测设。 3.在教师演示操作方法的基础上,每组都要按照步骤利用切线支距法进行圆曲线的详细测设。其中每人都要独立进行一个整桩的测设				
方法 与步骤	1.计算测设数据。已知圆曲线的半径$R=100$m,转角$\alpha_{右}=34°30'$,JD_2的里程为K4+296.67,桩距$l_0=10$m,按整桩距法设桩,试计算各桩点的坐标(x,y),并详细设置此圆曲线。在实训前首先按照本次实训所给的实例计算出所需测设数据。 2.测设圆曲线主点。根据所算出的圆曲线主点里程设置圆曲线主点,其设置方法与上一实训相同。 3.定切线方向。 4.切线支距法详细测设圆曲线 根据各里程桩点的横坐标用棱镜从曲线起点(或终点)沿切线方向量取x_1、x_2、x_3…,得垂足N_1、N_2、N_3…,并用测钎标记其位置。在垂足N_1、N_2、N_3…各点用方向架标定垂线,并沿此垂线方向分别量出y_1、y_2、y_3…,即定出曲线上P_1、P_2、P_3…各桩点,并用测钎标记其位置。 5.检核。从曲线的起(终)点分别向曲线中点测设,测设完毕后,用丈量所定各点间弦长来校核其位置是否正确。也可用弦线偏距法进行校核				
注意事项	1.本次实训是在任务2.1的基础上进行的,所以对任务2.1的方法及要领要了如指掌。 2.应在实训前将实例的全部测设数据计算出来,不要在实训中边算边测,以防时间不够或出错				

工 作 单

日期：　　　　班级：　　　　组别：　　　　姓名：　　　　学号：

模块名称	轨道线路测量	任务名称	圆曲线详细测设——切线支距法	任务学时	2学时
实训记录					
曲线元素		R(半径) =　　　　　T(切线长) =　　　　　E(外距) = α(转角) =　　　　　L(曲线长) =　　　　　D(超距) =			
主点桩号	ZY桩号：　　　　QZ桩号：　　　　YZ桩号：				
各中桩的测设数据	桩　号	曲线长(m)	x(m)	y(m)	备　注
实训总结					
考核评价					
个人自评		小组互评		教师评价		任务成绩	

任务2.3 圆曲线详细测设——偏角法

任 务 单

模块名称	轨道线路测量	任务名称	圆曲线详细测设——偏角法	任务学时	2学时
训练目的	1.学会用偏角法详细测设圆曲线。 2.掌握偏角法测设数据的计算及测设方法				
实训设计	1.实训设备为全站仪1台,棱镜1套,记录板1块,方向架1个。 2.在某一平坦地区,根据设计要求,利用偏角法进行圆曲线的详细测设。 3.在教师演示操作方法的基础上,每组都要按照步骤利用偏角法进行圆曲线的详细测设。其中每人都要独立进行一个整桩的测设				
方法与步骤	1.计算测设数据。已知圆曲线的半径 $R=100\text{m}$,转角 $\alpha_{右}=34°30′$,JD_2 的里程为 $K4+296.67$,桩距 10m,按整桩距法设桩,试计算各桩点的坐标 (x,y),并详细设置此圆曲线。 2.测设圆曲线主点。根据所算出的圆曲线主点里程设置圆曲线主点,其设置方法与上一实训相同。 3.定切线方向。将全站仪置于圆曲线起点 $ZY(A)$,水平度盘设置起始读数 $360°-\Delta$,后视交点 JD_2 得切线方向。 4.偏角法详细测设。转动照准部,使水平度盘读数为 $0°00′00″$(P_1 点的偏角读数),得 AP_1 方向,沿此方向从 A 点量出首段弦长 C_A 得整桩 P_1,在 P_1 点上插一测钎。对照所计算的偏角表,转动照准部,使度盘对准整弧段 l_0 的偏角 Δ_0(P_2 点的偏角读数),得 AP_2 方向,从 P_1 点量出整弧段的弦长 C_0 与 AP_2 方向线相交得 P_2 点,在 P_2 点上插一测钎。以此类推定出其他各整桩点。 5.检核。最后应闭合于曲线终点 $YZ(B)$,当转动照准部使度盘对准偏角 $n\Delta_0+\Delta_B$(终点 B 的偏角读数)得 AB 方向,从 P_n 点量出尾弧段弦长 C_B 与 AB 方向线相交,其交点应为原设的 YZ 点,如两者不重合,其闭合差一般不得超过如下规定,否则应检查原因,进行改正或重测。 半径方向(横向):$±0.1\text{m}$;切线方向(纵向):$±\dfrac{L}{1000}$,L 为曲线长				
注意事项	1.本次实训是在任务2.1的基础上进行的,所以对圆曲线主点测设实训的方法及要领要了如指掌。 2.应在实训前将实例的全部测设数据计算出来,不要在实训中边算边测,以防时间不够或出错。(如时间允许,也可不用实例,直接在现场测定右角后进行圆曲线的详细测设)				

工 作 单

日期：　　　　班级：　　　　组别：　　　　姓名：　　　　学号：

模块名称	轨道线路测量	任务名称	圆曲线详细测设——偏角法	任务学时	2学时

实训记录					
曲线元素	R(半径) =　　　　　T(切线长) =　　　　　E(外距) = α 转角 =　　　　　L(曲线长) =　　　　　D(超距) =				
主点桩号	ZY 桩号：　　　　QZ 桩号：　　　　YZ 桩号				
各中桩的测设数据	桩　号	曲线长 （m）	偏角 （° ′ ″）	水平度盘读数 （° ′ ″）	弦长 （m）	备注

实训总结

考核评价			
个人自评	小组互评	教师评价	任务成绩

任务2.4　带有缓和曲线段的平曲线主点测设

任 务 单

模块名称	轨道线路测量	任务名称	带有缓和曲线段的平曲线主点测设	任务学时	2学时
训练目的	1.掌握带有缓和曲线段的平曲线主点测设过程。 2.掌握曲线主点测设要素的计算方法。 3.根据设计要求,进行某一带有缓和曲线段的平曲线主点测设				
实训设计	1.实训设备为全站仪1台,棱镜1套,记录板1块,木桩3个。 2.在某一平坦地区,根据设计要求,进行带有缓和曲线段的平曲线主点测设。 3.在教师演示操作方法的基础上,每组都要按照步骤进行带有缓和曲线段的平曲线主点测设。其中每人都要独立进行一个主点的测设				
方法与步骤	1.定交点。在平坦地区定出路线导线的3个交点(JD_1、JD_2、JD_3),并在所选点上用木桩标定其位置。导线边长要大于80m,目估$\beta_右 < 145°$。 2.测转角。在交点JD_2上安置经纬仪,用测回法观测出$\beta_右$,并计算出转角$\alpha_右 = 180° - \beta_右$。 3.计算曲线主点测设元素及主点里程。$JD_2$的里程桩号K0+986.38,转角$\alpha_右 = 35°30'$,曲线半径$R=100m$,缓和曲线长$L_s=35m$(也可根据实训场地的具体情况改用其他数据)。计算曲线测设元素L_h、T_h、E_h、D_h及各个主点里程。 4.测设带有缓和曲线段的平曲线主点 (1)自JD_2沿JD_2—JD_1方向量切线长T_h,得ZH点。 (2)自JD_2沿JD_2—JD_3方向量切线长T_h,得HZ点。 (3)自JD_2沿分角线方向量外距E_h,得QZ点。 (4)自ZH沿切线向JD_2量X_h,得HY点对应的垂足位置,在该垂足位置用十字方向架定出垂线方向,并沿垂线方向量Y_h,即得HY点。 (5)由HZ沿切线向JD_2量X_h得YH点对应的垂足位置,在该垂足位置用十字方向架定出垂线方向,并沿垂线方向量Y_h,即得YH点。 5.检核。站在曲线内侧观察ZH、HY、QZ、YH、HZ桩是否有圆曲线的线形,以作为概略检核				
注意事项	1.本次实训事项较多,小组人员要紧密配合,保证实训顺利完成。 2.当时间较紧时,应在实训前计算好测设曲线所需的数据,不能在实训中边算边测,以防时间不够或出错				

工 作 单

日期：　　　　　班级：　　　　　组别：　　　　　姓名：　　　　　学号：

模块名称	轨道线路测量	任务名称	带有缓和曲线段的平曲线主点测设	任务学时	2学时

实训记录					
转角观测结果	交点号			交点桩号		
	盘位	目标	水平度盘读数 (°′″)	半测回右角值 (°′″)	右角 (°′″)	转角 (°′″)
	盘左					
	盘右					
曲线元素	$R=$　　　$L_s=$　　　$X_h=$　　　$Y_h=$　　　$\beta_0=$ $P=$　　　$q=$　　　$T_d=$　　　$T_h=$　　　$L_h=$ $E_h=$　　　$D_h=$					
主点桩号	ZH桩号：　　　HY桩号：　　　QZ桩号： YH桩号：　　　HZ桩号：					
主点测设方法	测设草图			测设方法		

实训总结

考核评价			
个人自评	小组互评	教师评价	任务成绩

任务2.5 带有缓和曲线段的平曲线详细测设——切线支距法

任 务 单

模块名称	轨道线路测量	任务名称	带有缓和曲线段的平曲线详细测设——切线支距法	任务学时	2学时
训练目的	1.掌握切线支距法测设带有缓和曲线段的平曲线过程。 2.掌握曲线测设要素的计算方法。 3.根据设计要求,进行某一带有缓和曲线段的平曲线详细测设				
实训设计	1.实训设备为全站仪1台,棱镜1套,记录板1块,方向架1个。 2.在某一平坦地区,根据设计要求,利用切线支距法进行带有缓和曲线段的平曲线的详细测设。 3.在教师演示操作方法的基础上,每组都要按照步骤利用切线支距法进行带有缓和曲线段的平曲线的详细测设。其中每人都要独立进行一个整桩的测设				
方法与步骤	1.计算测设数据。JD_2 的里程桩号为 K0+986.38,转角 $\alpha_{右}=35°30'$,曲线半径 $R=100m$,缓和曲线长 $L_s=35m$(也可根据实训场地的具体情况改用其他数据)。要求桩距为10m,用切线支距法详细测设此曲线(将计算结果填入实训报告中)。 2.主点测设。根据所算出的主点测设元素设置带有缓和曲线段的平曲线主点,其设置方法与上一实训相同。 3.详细测设 1)计算各桩的测设数据 x、y: (1)ZH~HY 段:以 ZH 为坐标原点,用下式计算: $$x = l - \frac{l^5}{40R^2 L_s^2}, y = \frac{l^3}{6RL_s}$$ 式中:l = 待测桩桩号 − ZH 桩号。 (2)HY~QZ 段:以 HY 为坐标原点,用下式计算: $$x = R\sin\frac{l}{R}, y = R\left(1 - \cos\frac{l}{R}\right)$$ 式中,l = 待测桩桩号 − HY 桩号。 (3)HZ~YH 段:以 HZ 为坐标原点,计算公式同 ZH~HY 段。 2)测设 ZH~HY 段: (1)自 ZH 点沿切线向 JD_2 量 P_1、P_2…的坐标 x_1、x_2…,得垂足 N_1、N_2…,并用测钎标记。 (2)依次在 N_1、N_2…用十字方向架定出垂线方向,分别沿各垂线方向量坐标 y_1、y_2…,即得 P_1、P_2…桩位,钉木桩或用测钎标记。 3)测设 HY~QZ 段: (1)自 ZH 点沿切线向 JD_2 量 T_d,该点与 HY 点的连线即为 HY 点的切线方向。				

方法与步骤	(2) 自 HY 点沿切线方向量 P_1、P_2…的坐标 x_1、x_2…，得垂足 N_1、N_2…，并用测钎标记。 (3) 依次在 N_1、N_2…用十字方向架定出垂线方向，分别沿各垂线方向量坐标 y_1、y_2…，即得 P_1、P_2…桩位，钉木桩或用测钎标记。 4) 测设 HZ～YH 段： (1) 自 HZ 点沿切线向 JD_2 量 P_1、P_2…的坐标 x_1、x_2…，得垂足 N_1、N_2…，并用测钎标记。 (2) 依次在 N_1、N_2…用十字方向架定出垂线方向，分别沿各垂线方向量坐标 y_1、y_2…，即得 P_1、P_2…桩位，钉木桩或用测钎标记。 5) 测设 YH～QZ 段： (1) 自 HZ 点沿切线向 JD_2 量 P_n、P_{n+1}…的坐标 x_n、x_{n+1}…，得垂足 N_n、N_{n+1}…，并用测钎标记。 (2) 依次在 N_n、N_{n+1}…用十字方向架定出垂线方向，分别沿各垂线方向量坐标 y_n、y_{n+1}…，即得 P_n、P_{n+1}…桩位，钉木桩或用测钎标记。 4. 检核。从曲线的起(终)点分别向曲线中点测设，测设完毕后，用丈量所定各点间弦长来校核其位置是否正确。也可用弦线偏距法进行校核
注意事项	1. 当时间较紧时，应在实训前将实例的全部测设数据计算出来，不要在实训中边算边测，以防时间不够或出错。（如时间允许，也可不用实例，直接在现场测定右角后进行圆曲线的详细测设） 2. 计算测设数据时要细心。曲线元素经复核无误后才可计算主点桩号，主点桩号经复核无误后才可计算各桩的测设数据。各桩的测设数据经复核无误后才可进行测设。 3. 曲线加桩的测设是在主点桩测设的基础上进行的，因此测设主点桩时要十分细心。 4. 当 y 值较大时，用十字方向架定垂线方向一定要细心，把垂线方向定准确，否则会产生较大的误差。 5. 平曲线的闭合差一般不得超过以下规定： 半径方向：±0.1m；切线方向：±$\dfrac{L}{1000}$，L 为曲线长

工 作 单

日期：　　　　班级：　　　　组别：　　　　姓名：　　　　学号：

模块名称	轨道线路测量	任务名称	带有缓和曲线段的平曲线详细测设——切线支距法	任务学时	2学时
引导文					
1. 按桩距在曲线上加桩的设桩方法有_____和_____。 2. 切线支距法，是以曲线____或____为坐标原点，以过 ZY 点和 YZ 点的____为 x 轴，过原点的_____为 y 轴。					
实训记录					
曲线元素	$R =$　　　　$L_s =$　　　　$X_h =$　　　　$Y_h =$　　　　$\beta_0 =$ $P =$　　　　$q =$　　　　$T_d =$　　　　$T_h =$　　　　$L_h =$ $E_h =$　　　　$D_h =$				
主点桩号	ZH 桩号：　　　　HY 桩号：　　　　QZ 桩号： YH 桩号：　　　　HZ 桩号：				
测设草图	各中桩测设数据记录详见下页				
实训总结					
考核评价					
个人自评		小组互评		教师评价		任务成绩	

续上表

测段	桩号	曲线长 (m)	x (m)	y (m)	备注
ZH~HY					
HY~QZ					
HZ~YH					
YH~QZ					

任务2.6　带有缓和曲线段的平曲线详细测设——偏角法

任　务　单

模块名称	轨道线路测量	任务名称	带有缓和曲线段的平曲线详细测设——偏角法	任务学时	2学时
训练目的	1.掌握偏角法测设带有缓和曲线段的平曲线过程。 2.掌握曲线测设要素的计算方法。 3.根据设计要求,进行某一带有缓和曲线段的平曲线详细测设				
实训设计	1.实训小组由4～5人组成。 2.实训设备为全站仪1台,棱镜1套,记录板1块,方向架1个。 3.在某一平坦地区,根据设计要求,利用偏角法进行带有缓和曲线段的平曲线的详细测设。 4.在教师演示操作方法的基础上,每组都要按照步骤利用偏角法进行带有缓和曲线段的平曲线的详细测设。其中每人都要独立进行一个整桩的测设。 5.实训结束时,每人上交一份实训报告				
方法与步骤	1.计算测设数据。JD_2的里程桩号为K0+986.38,转角$\alpha_右=35°30′$,曲线半径$R=100m$,缓和曲线长$L_s=35m$(也可根据实训场地的具体情况改用其他数据)。要求桩距为10m,用偏角法详细测设此曲线(将计算结果填入实训报告中)。 在实训前首先按照本次实训所给的实例计算出所需测设数据。 2.主点测设。根据所算出的主点测设元素设置带有缓和曲线段的平曲线主点,其设置方法与上一实训相同。 3.详细测设。下述测设方法中凡同时给出2个水平度盘读数时,第一个适用于右转角,第二个适用于左转角,图示为右转角。 1)计算各桩的测设数据:偏角、弦长及对应的水平度盘读数。 (1)ZH～HY段: 以ZH为测站点,ZH—JD_2方向为零方向,用弧长代替弦长,用下式计算偏角: $$\Delta = \frac{l^2}{6RL_s} \times \frac{180°}{\pi},$$ 式中:l=待测桩桩号－ZH桩号 (2)HZ～YH段: 以HZ为测站点,HZ—JD_2方向为零方向,用弧长代替弦长,用下式计算偏角: $$\Delta = \frac{l^2}{6RL_s} \times \frac{180°}{\pi},$$ 式中:l=HZ桩号－待测桩桩号 (3)HY～YH段: 以HY为测站点,HY—ZH方向为零方向,用下式计算偏角、弦长: $$\Delta = \frac{l}{2R} \times \frac{180°}{\pi}, \quad c = 2R\sin\frac{l}{2R},$$ 式中:l=待测桩桩号－HY桩号 2)测设ZH～HY段: (1)在ZH点安置经纬仪,以ZH—JD_2方向为起始方向,将该方向的水平度盘读数设置为0°00′00″。如下图所示。 (2)拨P_1对应的偏角Δ_1,即转动照准部找到P_1对应的水平度盘读数Δ_1或360°－Δ_1,得ZH—P_1方向,自ZH沿此方向量对应的弦长得P_1桩位,钉木桩或用测钎标记。 (3)转动照准部找到P_2对应的水平度盘读数Δ_2或360°－Δ_2,得ZH—P_2方向,自P_1点量P_1P_2弧段对应的弦长与此方向交会得P_2,钉木桩或用测钎标记。 (4)按(3)所述方法测设ZH～HY段其余各中桩				

续上表

方法 与步骤	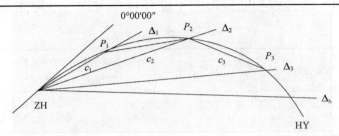 （5）转动照准部找到 HY 对应的水平度盘读数Δ_h或$360°-\Delta_h$，得 ZH—HY 方向，沿此方向量c_h即得 HY 点。 （6）丈量 HY 与前一中桩之间的弦长进行校核，若误差超限，则应重测 ZH～HY 段。 3）测设 HZ～YH 段： 方法与测设 ZH～HY 段类同（在 HZ 点安置经纬仪，将 HZ—JD_2方向的水平度盘读数设置为$0°00'00''$。P_n方向的水平度盘读数应为$360°-\Delta_n$或Δ_n）。 4）测设 HY～YH 段： （1）在 HY 点安置经纬仪，以 HY—ZH 方向为起始方向，将该方向的水平度盘读数设置为$180°-2\beta_0/3$或$180°+2\beta_0/3$，此时，水平度盘读数为$0°00'00''$的方向即为 HY 点的切线方向，如下图所示。 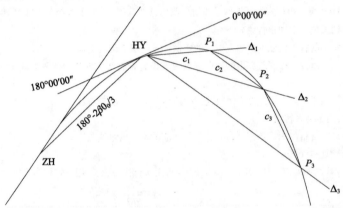 （2）拨P_1对应的偏角Δ_1，即转动照准部找到P_1对应的水平度盘读数Δ_1或$360°-\Delta_1$，得 HY—P_1方向，自 HY 沿此方向量 HY-P_1弧段对应的弦长得P_1，钉木桩或用测钎标记。 （3）转动照准部找到P_2对应的水平度盘读数Δ_2或$360°-\Delta_2$，得 HY—P_2方向，自P_1点量P_1P_2弧段对应的弦长与此方向交会得P_2，钉木桩或用测钎标记。 （4）按（3）所述方法测设 HY～QZ 段其余各桩并测出 QZ，与用主点测设方法测出的 QZ 位置比较，若误差超限，应重测 HY～QZ 段。 （5）继续按（3）所述方法测设至 YH 点，并与已测出的 YH 位置比较，若误差超限，应重测 QZ～YH 段。 4. 检核。从曲线的起（终）点分别向曲线中点测设，测设完毕后，用丈量所定各点间弦长来校核其位置是否正确。也可用弦线偏距法进行校核
注意事项	1. 本次实训是在任务 2.3 的基础上进行的，所以对任务 2.3 的方法及要领要了如指掌。 2. 当时间较紧时，应在实训前将实例的全部测设数据计算出来，不要在实训中边算边测，以防时间不够或出错。（如时间允许，也可不用实例，直接在现场测定右角后进行圆曲线的详细测设） 3. 计算测设数据时要细心。曲线元素经复核无误后才可计算主点桩号，主点桩号经复核无误后才可计算各桩的测设数据。各桩的测设数据经复核无误后才可进行测设。 4. 曲线加桩的测设是在主点桩测设的基础上进行的，因此测设主点桩时要十分细心。 5. 在丈量切线长、外距、弦长时，尺身要水平。 6. 平曲线的闭合差一般不得超过以下规定：半径方向：$\pm 0.1m$；切线方向：$\pm \dfrac{L}{1000}$，L为曲线长

工 作 单

日期：　　　　班级：　　　　组别：　　　　姓名：　　　　学号：

模块名称	轨道线路测量	任务名称	带有缓和曲线段的平曲线详细测设——偏角法	任务学时	2学时

引导文

1. 用偏角法详细测设带有缓和曲线的平曲线时，其偏角应分为_____和_____两部分进行计算。

2. 偏角法是以曲线起点(ZY)或终点(YZ)至曲线上待测设点 P_i 的弦线于切线之间的_____和_____来确定 P_i 的位置。

实训记录

交点号		交点桩号	

曲线元素	$R=$　　　　$L_s=$　　　　$X_h=$　　　　$Y_h=$　　　　$\beta_0=$
	$P=$　　　　$q=$　　　　$T_d=$　　　　$T_h=$　　　　$L_h=$
	$E_h=$　　　　$D_h=$

| 主点桩号 | ZH桩号：　　　　HY桩号：　　　　QZ桩号： |
| | YH桩号：　　　　HZ桩号： |

各中桩的测设数据	测段	桩号	曲线长 (m)	偏角 (° ′ ″)	水平度盘读数 (° ′ ″)	弦长 (m)	备注
	ZH~HY						测站点：ZH 起始方向：ZH-JD 起始方向的水平度盘读数：0°00′00″
	HZ~YH						测站点：HZ 起始方向：HZ-JD 起始方向的水平度盘读数：0°00′00″
	HY~YH						测站点：HY 起始方向：HY-ZH 起始方向的水平度盘：180°2β_0/3

测设草图	

续上表

实训总结						
考核评价						
个人自评		小组互评		教师评价		任务成绩

任务2.7 基平及中平测量

任 务 单

模块名称	轨道线路测量	任务名称	基平及中平测量	任务学时	2学时
训练目的	1. 掌握基平测量的方法。 2. 掌握中平测量的方法。 3. 学会中平测量的记录及成果计算				
实训设计	1. 实训设备为水准仪1台,水准尺2根,记录板1块,尺垫2个,记录表格,铅笔,测伞1把。 2. 实训场地选定长约500m的起伏路段(路线长度可根据实际情况调整),在路段起终点附近选定2个水准点 BM_1、BM_2,假定水准点 BM_1 的高程。 3. 在教师演示操作方法的基础上,每组都要按照步骤进行选定路线的基平测量和中平测量。其中每人都要独立进行一测站的观测				
方法与步骤	1. 选路线。在实训场地选定长约500m的起伏路段(路线长度可根据实际情况调整),在路段起终点附近选定2个水准点 BM_1、BM_2,假定水准点 BM_1 的高程。 2. 基平测量。根据水准测量的方法测定2水准点间的高差并计算 BM_2 的高程(此项工作可利用相关实训的成果或在实训前由教师组织部分学生进行)。基平测量通常采用1台水准仪在2个相邻的水准点间做往返观测,也可用2个水准仪做同向单程观测。 3. 中平测量。 (1)设置中桩。按20m的桩距在选定路线上设置中桩,在桩位处钉木桩或插测纤,并标注桩号。 (2)观测。在水准点 BM_1 上竖立水准尺,统筹考虑整个测设过程,选定前视转点 ZD_1 并竖立水准尺,在两点大致等远的地方安置水准仪,先后读取后视点 BM_1 和前视点 ZD_1 上的水准尺读数,然后依次在本站各中桩处的地面上竖立水准尺读取读数并记录。 用上述方法依次进行后续的观测,直至观测所有中桩并测至路段终点附近的水准点 BM_2。 (3)计算各中桩的高程。首先计算中平测量测出的2个水准点的高差,并与基平测量测得的水准点间的已知高差进行符合,看是否满足精度要求:$h_{中} = \sum a - \sum b$ $$视线高程 = 后视点高程 + 后视读数$$ $$前视点高程 = 视线高程 - 前视读数$$ $$中桩地面高程 = 视线高程 - 中视读数$$				
注意事项	1. 转点应选在坚实、凸起的地点或稳固的装项,当选在一般地面上时应尺垫。 2. 前后视读数须读至mm,中视读数一般可读至cm。 3. 视线长一般不宜大于100m。 4. 中平与基平符合时,容许闭合差 $f_{h容} = \pm 50\sqrt{L}(\text{mm})$,$L$ 为两水准点间的水准路线长度(以km为单位)				

工 作 单

日期:　　　　班级:　　　　组别:　　　　姓名:　　　　学号:

模块名称	轨道线路测量	任务名称	基平及中平测量	任务学时	2学时

引导文
1. 路线纵断面测量分为＿＿＿＿和＿＿＿＿两步进行。 2. 中平测量的过程中应先测＿＿＿＿，后观测＿＿＿＿。 3. 路线中平测量是测定＿＿＿＿的高程。 4. 水准测量中，设后尺 A 的读数 $a = 2.713$m，前尺 B 的读数 $b = 1.401$m，已知 A 点高程为 15.000m，则视线高程为＿＿＿＿m。

实训记录

基平测量记录表

测点	水准尺读数(m)		高差(m)		高程 (m)	备注
	后视	前视	+	−		
Σ						
计算校核						

续上表

中平测量记录表

测点	水准尺读数(m)			视线高程 (m)	高程 (m)	备注
	后视	中视	前视			
Σ						
校核	$h_{中} = \sum_a - \sum_b =$ $\Delta_{容} = \pm 50\sqrt{L}(mm)$			$h_{基} = H_{BM_2} - H_{BM_1} =$ $\Delta = h_{中} - h_{基} =$		

考核评价

个人自评		小组互评		教师评价		任务成绩	

任务2.8 横断面测量

任务单

模块名称	轨道线路测量	任务名称	横断面测量	任务学时	2学时
训练目的					

模块名称	轨道线路测量	任务名称	横断面测量	任务学时	2学时
训练目的	1.掌握横断面测量的方法。 2.学会横断面测量的记录及成果计算				
实训设计	1.实训设备为水准仪1台,水准尺2根,花杆1根,皮尺1卷,记录板1块,记录表格,铅笔。 2.实训场地选定长约100m的起伏路段(路线长度可根据实际情况调整),按20m的桩距在选定路线上设置中桩。 3.在教师演示操作方法的基础上,每组都要按照步骤进行选定路线的横断面测量。其中每人都要独立进行一中桩的观测				
方法与步骤	1.选路线。在实训场地选定长约100m的起伏路段(路线长度可根据实际情况调整),按20m的桩距在选定路线上设置中桩。测定线路中线桩两侧一定范围的地面起伏现状。(测定横断面方向上地面坡度变化点相对于中桩的水平距离和高差) 2.标定横断面方向。 (1)直线段上横断面方向的测定。直线段横断面方向与路线中线垂直,一般采用方向架测定。 (2)曲线段上横断面方向的测定。圆曲线段上中桩点的横断面方向为垂直于该中桩点切线的方向。缓和曲线段上一中桩点处的横断面方向是通过该点指向曲率半径的方向,即垂直于该点切线的方向。 3.横断面测量。 (1)标杆皮尺法(抬杆法)。利用花杆和皮尺测定两相邻变坡点的水平距离和高差。适用于山区低等级公路,精度低。 (2)水准仪皮尺法。利用水准仪和皮尺,按水准测量的方法测定各变坡点与中桩点间的高差,用皮尺丈量两点的水平距离。适用于地形简单地区,精度高。 (3)经纬仪视距法。利用经纬仪按视距测量的方法测得各变坡点与中桩点间的水平距离和高差。适用于地形复杂地区,精度较高。 (4)全站仪法。用全站仪的距离测量模式,即可显示出平距和高差。适用于地形复杂地区,精度高				
注意事项	1.横断面图一般采取在现场边测边绘,这样既可省略记录工作,也能及时在现场核对,减少差错。 2.横断面图地面线的绘制一般采取在现场边测边绘。一般规定:绘图顺序是从图纸左下方起,自上而下、由左向右,依次按桩号绘制				

工 作 单

日期：　　　　班级：　　　　组别：　　　　姓名：　　　　学号：

模块名称	轨道线路测量	任务名称	横断面测量	任务学时	2学时
实训记录					

抬杆法横断面测量记录表

左侧	里程桩号	右侧

水准仪皮尺法横断面测量记录表

桩号	各变坡点至中桩点的水平距离（m）	后视读数（m）	前视读数（m）	各边坡点与中桩点间的高差（m）	备注

实训总结

考核评价

个人自评		小组互评		教师评价		任务成绩	

任务2.9 路基边桩放样

任 务 单

模块名称	轨道线路测量	任务名称	路基边桩放样	任务学时	2学时
训练目的	1.掌握路基边桩放样的方法。 2.学会路基边桩放样的计算方法				
实训设计	1.实训小组由4~5人组成。 2.实训设备为皮尺1卷,记录板1块,记录表格,铅笔。 3.根据某横断面的设计,在实训场地现场标定路基边桩的位置。 4.在教师演示操作方法的基础上,每组都要按照步骤进行路基边桩的标定。其中每人都要独立进行一边桩的测设。 5.实训结束时,每人上交一份实训报告				
方法与步骤	1.图解法。直接在路基设计的横断面图上,量出中心桩至边桩的距离。然后到现场直接量取距离,定出边桩的位置。该方法一般用在填挖不大的地区。 2.解析法。 (1)平坦地区路基边桩的测设。 路堤—路堤边桩至中心桩的距离为:$D = \dfrac{B}{2} + m \cdot h$ 路堑—路堤边桩至中心桩的距离为:$D = \dfrac{B}{2} + s + m \cdot h$ 其中:B为路基设计宽度;m为变坡率,$1:m$为路基边坡坡度;h为填(挖)方高度;s为路堑边沟顶宽。 平坦地区路堤 平坦地区路堑 (2)山区地段路基边桩的测设。 路堤—斜坡下侧:$D_下 = \dfrac{B}{2} + m \cdot (h_中 + h_下)$ 斜坡上侧:$D_上 = \dfrac{B}{2} + m \cdot (h_中 - h_上)$				

方法与步骤	路堑—斜坡下侧：$D_下 = \dfrac{B}{2} + S + m \cdot (h_中 - h_下)$ 斜坡上侧：$D_上 = \dfrac{B}{2} + S + m \cdot (h_中 + h_上)$ 其中：$D_上$、$D_下$为斜坡上、下侧边桩至中桩的平距；$h_中$为中桩处的地面填挖高度，亦为已知设计值；$h_上$、$h_下$为斜坡上、下侧边桩处与中桩处的地面高差，在边桩未定出之前为未知数。 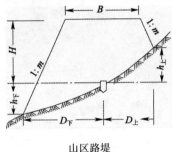 山区路堤 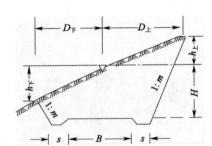 山区路堑 在实际放样的过程中应采用逐渐趋近法测设边桩。先根据地面实际情况，并参考路基横断面图，估计边桩的位置。然后测出该估计位置与中桩的平距 $D_上$、$D_下$ 以及高差 $h_上$、$h_下$ 并以此带入式中，若等式成立或在容许误差范围内，说明估计位置与实际位置相符，即为边桩位置。否则应根据实测资料重新估计边桩位置，重复上述工作，直至符合要求为止
注意事项	1. 在计算测设边桩距离时，要注意路基设计的尺寸和要求。如路基是否有加宽；对挖方地段，要注意边沟的设计尺寸及是否有护坡平台，以便边桩放样时加以考虑。 2. 在地形复杂路段，最好用仪器进行边桩放样；在曲线段，更应注意使横断面方向与路中线的切线方向垂直。 3. 放完一段边桩后，要进行复核。地面平坦或地面横坡一致时，边桩连线(石灰线)应为一直线或圆缓的曲线，如有个别边桩凸出来或凹进去，就是说明有问题。 4. 在施工中，应注意保护边桩。一般都在边桩位置插上一根高杆或小旗，并在杆上标记填高位置。在杆外侧一定距离处(一般 1~2m)再钉一保护桩，在保护桩上注明里程桩号和填挖高度。有了这保护桩，可随时恢复丢失的边桩，以利机械化施工

工 作 单

日期：　　　　班级：　　　　组别：　　　　姓名：　　　　学号：

模块名称	轨道线路测量	任务名称	路基边桩放样	任务学时	2学时
引导文					
路基边桩的放样常用哪两种方法。					
实训记录					
实训总结					
考核评价					
个人自评		小组互评		教师评价		任务成绩	

任务3 桥隧施工测量

任务3.1 桥梁施工控制测量

任 务 单

模块名称	桥隧施工测量	任务名称	桥梁施工控制测量	任务学时	2学时
训练目的	1.掌握大地四边形测量方法。 2.掌握大地四边形测量数据计算和分析。 3.测边大地四边形测量及平差				
任务设计	1.实训设备为每组 DJ_2 型经纬仪1台,记录板1块,记录表格,铅笔,测伞1把。 2.实训场地布置符合要求的控制点若干组,每组4个点。每两个实训小组用同样的控制点,以便于检核实训结果。 3.每人按步骤独自完成仪器安置、整平、瞄准、精平、测距、读数等技术操作。 4.练习观测4个点之间的距离以及测边大地四边形所需角度及多余观测,读数记录在实训报告中,并进行计算平差				
方法与步骤	1.布设控制点。以线路前进方向为 X 轴,建立独立坐标系,在河道两岸一共布设4个控制点,由几何关系构建控制网,如右图。 2.测量。采用测回法测量角度,采用全站仪和棱镜进行距离测量,采用盘左盘右测量,所测数据必须符合精度要求。 3.平差。平差计算完成后,应对网中所有的几何条件(或附合条件)进行检算,并计算单位权中误差、桥轴线及最弱边边长中误差。对于边角网或测边网,不应大于10mm;对于以基线为基础的测角网,不应大于原估算的桥轴线及最弱边边长相对中误差				
注意事项	1.选择控制点时,应尽可能使桥的轴线作为三角网的一个边,以利于提高桥轴线的精度。 2.如不可能,也应将桥轴线的两个端点纳入网内,以间接求算桥轴线长度。 3.控制点要求地质条件稳定,视野开阔,便于交会墩位,其交会角不致太大或太小				

工 作 单

日期：　　　　班级：　　　　组别：　　　　姓名：　　　　学号：

模块名称	桥隧施工测量	任务名称	桥梁施工控制测量	任务学时	2学时

测量过程记录									
角号	观测值	第一次改正			第一次改正后角值	第二次改正数	第二次改正后角值	边长	
		$\pm\dfrac{W_i}{4}$	$-\dfrac{W_3}{8}$	Σ				
b_1								
c_1								
a_1								
a_1+b_1								
b_2								
c_2								
a_2								
a_2+b_2								
b_3								
c_3								
a_3								
a_3+b_3								
b_4								
c_4								
a_4								
a_4+b_4								
$\Sigma(a_i+b_i)$								

注：$W_1=(a_1+b_1)-(a_3+b_3)=$　　　　$W_2=(a_2+b_2)-(a_4+b_4)=$

$W_3=a_1+b_1+a_2+b_2+a_3+b_3+a_4+b_4-360^0=$

第一次改正

$V'_{a_1}=V'_{b_1}=-\dfrac{W_1}{4}-\dfrac{W_3}{8}=$　　　　$V'_{a_2}=V'_{b_2}=-\dfrac{W_2}{4}-\dfrac{W_3}{8}=$

$V'_{a_3}=V'_{b_3}=+\dfrac{W_1}{4}-\dfrac{W_3}{8}=$　　　　$V'_{a_4}=V'_{b_4}=+\dfrac{W_2}{4}-\dfrac{W_3}{8}=$

$W_D=\left(\dfrac{\Pi\sin b_i}{\Pi\sin a_i}-1\right)\rho''=$　　　　$\delta=\dfrac{W_D}{\Sigma(ctga+ctgb)}=$

$W_{D容}=2m\sqrt{\Sigma(ctg^2 a_i+ctg^2 b_i)}=$　　　（注：m为测角中误差）

第二次改正

$V''_{a_i}=+\delta=$　　　　$V''_{b_i}=-\delta=$

续上表

点号	平差后角值 (° ′ ″)	坐标方位角 a (° ′ ″)	边 长 D (m)	Dcosa δ_x (mm)	Dsina δ_y (mm)	坐 标	
						X	Y
1	2	3	4	6	7	8	9
Σ							

实训总结

考核评价						
个人自评		小组互评		教师评价		任务成绩

任务3.2 基础施工测量

任 务 单

模块名称	桥隧施工测量	任务名称	基础施工测量	任务学时	2学时
训练目的	1.掌握基础测量方法。 2.掌握基础测量数据处理方法。 3.测量基础线和基础开挖线				
任务设计	1.实训设备为每组 DJ$_2$ 型经纬仪1台,水准仪1台,记录板1块,记录表格,铅笔,测伞1把。 2.实训场地布置基坑开挖场地4个,每两个实训小组使用一个基坑开挖场地,便于检核实训结果。 3.每人按步骤独自完成仪器安置、整平、瞄准、精平、测距、读数等技术操作,并与组员完成基坑线的放样				
方法与步骤	1.基础模板线放样。 采用极坐标法进行基础模板线放样,利用勾股定理进行放样结果复核。 2.基坑开挖线测量。 测量原地面高程,计算开挖深度,从基础模板线向外 50cm 采用滑石粉或石灰进行洒线,确定基础底层开挖宽度线;然后从石灰线向外按照土质情况选择相应的坡度确定顶层开挖线的位置,并撒灰线。 3.允许误差。 根据控制网或场地上其他控制点测定挖土范围线,其测量允许偏差为 ±5cm;高程根据附近水准点测设,允许偏差为 ±3cm。在基坑挖土中应经常配合检查挖土高程,挖土竣工后,应实测挖土面高程,测量允许偏差为 ±2cm	极坐标法测设点位 设 AB 为建筑场地的控制点或已定出的直线,其坐标(x_A, y_A)、(x_B, y_B)为已知。设计 P 点的坐标为(x_P, y_P)。极坐标法的测设数据按下式计算: $$\alpha_{AB} = \tan^{-1}\left(\frac{y_B - y_A}{x_B - x_A}\right), \alpha_{AP} = \tan^{-1}\left(\frac{y_P - y_A}{x_P - x_A}\right)$$			
注意事项	在5m以内时,当土具有天然湿度、构造均匀、水文地质条件好,且无地下水,不加支撑的基坑(槽)和管沟,必须放坡。 使用时间较长的临时性挖方边坡坡度,应根据工程地质和边坡高度,结合当地同类土体的稳定坡度值确定				

工 作 单

日期：　　　　班级：　　　　组别：　　　　姓名：　　　　学号：

模块名称	桥隧施工测量		任务名称	基础施工测量		任务学时	2学时
实训记录							

点号	坐标		坐标方位角 (α) (° ′ ″)	距离 (m)	实测距离 (m)	原地面高程 (m)	备注
	X	Y					

考核评价							
个人评价		小组评价		教师评价		任务成绩	

任务3.3 墩台定位及高程放样

任 务 单

模块名称	桥隧施工测量	任务名称	墩台定位及高程放样	任务学时	2学时
训练目的	1.掌握墩台定位及高程测量方法。 2.测量墩台位置和高程控制				
任务设计	1.实训设备为每组 DJ_2 型经纬仪1台,水准仪1台,记录板1块,记录表格,铅笔,测伞1把。 2.实训场地布置桥梁墩台3个,全班3组使用一个基坑开挖场地,便于检核实训结果。 3.每人按步骤独自完成仪器安置、整平、瞄准、精平、测距、读数等技术操作,并与组员共同完成墩台定位以及高程测定				
方法与步骤	1.测设墩台中心采取极坐标法,高程测量采取四等水准测量。 2.墩台定位。根据已知的两个控制点 (X_i,Y_i) ,进行墩台控制点位的放样,如右图。 3.高程测量。架设水准仪,后视水准点 BM_i ,测量墩台顶面高程,采取倒尺法进行测量,既将塔尺底部朝上进行观测,测量结果计算时为:水准点高程+后视+前视,测量完毕后闭合至已知水准点,然后计算闭合差 极坐标法测设点位 设 AB 为建筑场地的控制点或已定出的直线,其坐标 (x_A,y_A) 、(x_B,y_B) 为已知。 设计 P 点的坐标为 (x_P,y_P) 。极坐标法的测设数据按下式计算: $$\alpha_{AB}=\tan^{-1}\left(\frac{y_B-y_A}{x_B-x_A}\right),\alpha_{AP}=\tan^{-1}\left(\frac{y_P-y_A}{x_P-x_A}\right)$$				
注意事项	1.极坐标方位角计算时注意角度所处的象限,区分直角坐标系和测量用坐标系。 2.测量水准高程注意水准点测量前后的闭合满足要求				

工 作 单

日期：　　　　班级：　　　　组别：　　　　姓名：　　　　学号：

模块名称	桥隧施工测量		任务名称	墩台定位及高程放样		任务学时	2学时
实训记录							

点号	坐标		坐标方位角 （α） （° ′ ″）	距离 （m）	实测距离 （m）	墩台高程 （m）	备注
	X	Y					

考核评价						
个人评价		小组评价		教师评价		任务成绩	

任务3.4 隧道控制测量

任 务 单

模块名称	桥隧施工测量	任务名称	隧道控制测量	任务学时	2学时
训练目的		1.掌握洞外控制测量方法(平面和高程)。 2.平面控制点测量和高程控制测量			
任务设计		1.实训设备为每组全站仪1台(1″),水准仪1台,记录板1块,记录表格,铅笔,测伞1把。 2.实训场地安排隧道场地1个,全班8组使用同一个隧道场地,每两组实验数据进行检核,以确保实训结果。 3.每人按步骤独自完成仪器安置、整平、瞄准、精平、测距、读数等技术操作,并与组员完成平面和高程的控制测量			
方法与步骤		1.洞外平面控制测量。 (1)导线点布设。洞口进口选取两个控制点为导线点起始边,在洞口出口选取两个控制点为导线终边,设临时导线点加密1、加密2,作为隧道进口的控制网点;设临时导线点加密3、加密4、加密5,作为隧道出口的控制网点。 (2)测设方法。使用全站仪设附合导线测量,根据五等导线点的精度,要求为:采用测回法观测,观测4个测回,严密平差,角度取秒以下2位,尺寸小数点后4位,测角中误差小于2.5″,方位角闭合差小于±5$\sqrt{n}$,导线全长相对闭合差要达到1/40000。 2.洞外高程控制测量。 (1)三角高程。采用全站仪(1″)将高程带到隧道的进口,再进行出口联测,同时和相邻水准控制点联测,观测方法:采用四个测回。三角高程的闭合差小于20$\sqrt{L}$(L为往返测段,符合或环线的水准路线长度,单位为km)。 (2)水准联测。使用32倍水准仪和5m铝合金普通塔尺。在通视良好的前提下进行水准复测,采用5m铝合金普通塔尺黄面观测,两台仪器同时观测,每站的高差不得大于2mm,依次来保证观测的精度,高程的闭合差小于20$\sqrt{L}$,(L为往返测段,符合或环线的水准路线长度,单位为km)满足了施工的需要和测量暂行规定,结果满足要求,隧道进、出口相邻水准点基点进行了联测			
注意事项		施工之前先进行复测,检查并确认各洞口的中线控制桩,当隧道位于直线上时,两端洞口应各确定一个中线控制桩,以两桩连线作为隧道洞内的中线;当隧道位于曲线上时,应在两端洞口的切线上各确认两个控制桩,两桩间距应大于200m。以控制桩所形成的两条切线的交角和曲线要素为准,来测定洞内中线的位置			

工 作 单

日期：　　　　班级：　　　　组别：　　　　姓名：　　　　学号：

模块名称	桥隧施工测量	任务名称	隧道控制测量	任务课时	4课时

平面控制测量记录表											
点号	观测角	改正数	改正角	方位角	距离(m)	增量计算值		改正后增量		坐标值	
^	^	^	^	^	^	$\triangle X$(m)	$\triangle Y$(m)	$\triangle X$(m)	X(m)	X(m)	Y(m)
辅助计算												

考核评价							
个人评价		小组评价		教师评价		任务成绩	

续上表

模块名称	桥隧施工测量			任务名称		隧道控制测量		任务课时	4课时
高程控制测量记录表									
测站编号	后尺 上丝		前尺 上丝		方向及尺号	标尺读数		基+K-辅（一减二）	备注
	下丝		下丝			基本分划（一次）	辅助分划（二次）		
	后距		前距						
	视距差 h		Σd						
					后				
					前				
					后-前				
					h				
					后				
					前				
					后-前				
					h				
					后				
					前				
					后-前				
					h				
					后				$K=301550$
					前				
					后-前				
					h				
					后				
					前				
					后-前				
					h				
					后				
					前				
					后-前				
					h				
					后				
					前				
					后-前				
					h				
考核评价									
个人评价		小组评价			教师评价			任务成绩	

任务3.5 隧道断面测量

任 务 单

模块名称	桥隧施工测量	任务名称	隧道断面测量	任务学时	2学时
训练目的	\multicolumn{5}{l	}{1. 掌握基础测量方法。 2. 掌握基础测量数据处理方法。 3. 测量基础线和基础开挖线}
任务设计	\multicolumn{5}{l	}{1. 实训小组由3~5人组成。 2. 实训设备为隧道断面仪1台,水准仪1台,记录板1块,记录表格,铅笔,测伞1把。 3. 实训场地安排隧道1个,全班使用1个隧道进行测量,小组分批次进行测量,测量是每两组测量同一断面,便于检核实训结果。 4. 每人按步骤独自完成仪器安置、整平、瞄准、精平、测量、数据分析等技术操作。 5. 实训结束时,每人上交一份实训报告}
方法与步骤	\multicolumn{5}{l	}{1. 架设仪器置于待测断面。 2. 望远镜瞄准另一导线点或中线点定向后,转仪器正镜瞄准线路边线法线方向,也就是保证测量的竖直角读数,线路中线一侧为0°,线路边线一侧为0~90°。(竖直度盘定天顶方向为度,顺时针注记) 3. 记录仪器高、观测的竖直角、斜距。根据个人习惯,亦可记录水平距离和高差。 4. 如隧道内干扰大,可在仪器定向前,竖直度盘调至90°或270°,置水准尺于水准点上,读取塔尺读数来校核视线高。测量数据记录于表。 5. 连接电脑数据分析软件进行数据处理}
注意事项	\multicolumn{5}{l	}{在隧道施工断面测量工作中,无论采用隧道断面仪,还是采用全站仪配隧道断面测量软件来完成,一般用一个断面代表一个段落,有一定的片面性,在隧道开挖断面测量工作中,其缺点极为明显。若采用三维坐标段落测量法进行隧道测量,可全面反映整个段落任意桩号各个点的超欠挖情况}

工 作 单

日期：　　　　班级：　　　　组别：　　　　姓名：　　　　学号：

模块名称	桥隧施工测量	任务名称	隧道断面测量	任务学时	2学时
隧道断面测量记录					

断面里程	实测断面				实测高程			备注
	左		右		顶点 (m)	底点 (m)	高度 (m)	
	L (mm)	H (mm)	L (mm)	H (mm)				

考核评价						
个人评价		小组评价		教师评价		任务成绩

任务4　高铁施工测量

任务4.1　高铁CPⅢ平面控制测量

任 务 单

模块名称	高铁施工测量	任务名称	高铁CPⅢ平面控制测量	任务学时	4学时
训练目的	\multicolumn{5}{l	}{1.使学生掌握CPⅢ平面控制网的测量仪器的操作。 2.掌握平面控制网的测量的方法}
实训设计	\multicolumn{5}{l	}{在实训场模拟线路起止点附近设置2个CPⅡ控制点、线路两侧设置6对CPⅢ控制点,安装统一棱镜,形成模拟的CPⅢ控制网。通过在线路间架设全站仪对各个点进行观测,并采用专用数据处理软件处理数据}
方法与步骤	\multicolumn{5}{l	}{1.根据编号规则,对实训场内CPⅡ控制点、CPⅢ控制点、测站点进行编号。CPⅡ控制点共2个,编号分别为CPⅡ01、CPⅡ02。假定测段所处里程为1000,则左边CPⅢ点分别为1000301、1000303、1000305、1000307、1000309、1000311;右边CPⅢ点分别为1000302、1000304、1000306、1000308、1000310、1000312。测站点共7个,自左向右分别编号1000C01、1000C02、1000C03、1000C04、1000C05、1000C06、1000C07。 2.获取CPⅡ控制点平面坐标已知数据。 3.确定自由测站法观测方案。可选择全站仪前后各测2对CPⅢ控制点的方案;首站和末站在CPⅢ控制点之外,各测一半;也可选择前后各测3对CPⅢ控制点的方案。 4.全站仪检校。测量前应对全站仪进行检校。检校步骤:点击菜单"工具"→"检查与校正"→"补偿器"或"组合校正"。 5.全站仪精平。使用低脚架全站仪置站于测站1000C01,粗平,按Shift+F12打开电子气泡,调节脚螺旋,使X、Y偏差均在10以下;再按Shift+F10自动换面,检查电子气泡,使X、Y偏差均在10以下。 6.将全站仪与电台连接。全站仪模式设置为GEOCOM模式;设置全站仪通信参数;端口(与电脑设备管理器下端口一致)、波特率(19200)、数据位8,停止位1,奇偶N等。 7.电脑与电台相连。打开电脑上的CPⅢ数据采集软件,进行相关设置。 8.通信接上后,将仪器置于盘左状态。进行"学习"测量。测回数选为"3",测站名称填"1000C01"。全站仪人工粗瞄1000301后,点"学习",再粗瞄1000303后,点"学习",依次完成1000304、1000302、CPⅡ01的"学习"。 9.点"数据采集",则仪器自动全圆方向观测法测量。盘左测量1000301、1000303、1000304、1000302、CPⅡ01、1000301。再盘右方向观测各点。如此自动观测3测回。 10.搬站至1000C02,同样操作,保证连续3站与CPⅡ01点连测。一直测至1000C07。 11.外业测量完毕后,将外业采集数据复制到数据处理软件。(每个测站一个文件,共7个文件) 12.按照数据处理软件操作步骤,进行CPⅢ网平差。(一般取自由网平差置平的平差结果,作为最终平差成果)}
注意事项	\multicolumn{5}{l	}{1.实训场地受限时,CPⅢ控制点纵向间距可以减小,不必严格执行规范。 2.自动观测全站仪需要经常进行组合校正,否则其测量精度会下降。 3.注意全站仪与电台、电脑与电台相连接时,通信参数一定要设置正确}

工 作 单

日期：　　　　班级：　　　　组别：　　　　姓名：　　　　学号：

模块名称	高铁施工测量	任务名称	高铁CPⅢ平面控制测量	任务学时	4学时
引导文					
1.简述高铁CPⅢ平面控制测量需要的仪器设备及其规格要求。 2.简述CPⅢ控制点及自由测站编号方式。 					
实训记录					
1.绘制CPⅢ平面控制测量网型。 2.逐条列出CPⅢ平面控制测量某一测站上的外业测量步骤。 					
实训总结					
考核评价					
个人自评		小组互评		教师评价		任务成绩	

任务4.2 轨检小车检测轨道几何状态

任 务 单

模块名称	高铁施工测量	任务名称	轨检小车检测轨道几何状态	任务学时	4学时
训练目的	1.了解轨检小车检测轨道几何状态的作业内容。 2.掌握轨检小车检测轨道几何状态的作业流程					
实训设计	准备1台GRP1000轨检小车,1台有自动跟踪功能的徕卡全站仪,1台高性能笔记本电脑。在实训场模拟线路中心处自由设站。全站仪后视8个CPⅢ控制点,利用软件解算出测站三维坐标。轨检小车在轨道上缓慢移动,全站仪配合小车进行轨道检测				
方法与步骤	1.前往现场作业之前在计算机中对设计数据(平曲线、竖曲线、超高)复核无误后输入到测量控制软件。在全站仪中输入CPⅢ测量成果,到达现场后检查控制点数据,确保无误。 2.全站仪自由设站。将全站仪安置在距小车前进方向60~70m的线路中心。使用8个CPⅢ控制点,利用软件解算出测站三维坐标。平差后东坐标、北坐标和高程中误差应在1mm以内,方向的中误差应在2″以内,否则应重新设站。 3.设站的同时组装轨检小车,并将双轮部分靠近低轨。 将全站仪对准轨检小车棱镜,检查通信,关闭全站仪强力搜索,并锁定棱镜 4.打开轨检小车电脑软件,校准超高传感器。 5.新建文件夹开始测量并进行数据采集。(每根枕木测一下) 6.小车与全站仪间距小于5m时,应停止采集,将棱镜解锁进行转站。转站后小车退后8~10根枕木。 7.外业采集的数据输入电脑,进行数据校验、数据处理。输出轨道几何参数,制作报表并进行评价				
注意事项	1.每天开始测量之前要检查全站仪精度。 2.全站仪设站的位置应靠近路中心,不可在两侧控制点的外侧。 3.采集时小车要停稳,以减少测量误差。 4.全站仪搬站后前后两个区间测量需交叠5~10m				

工 作 单

日期：　　　　班级：　　　　组别：　　　　姓名：　　　　学号：

模块名称	高铁施工测量	任务名称	轨检小车检测轨道几何状态	任务学时	4学时
引导文					

1. 查询资料，列出目前国内外轨检小车的主要品牌。

2. 轨检小车检测轨道几何状态时还需要哪些设备？

3. 轨检小车可以检测哪些内容？

实训记录

列出本次实训外业、内业工作的主要步骤。

实训总结

考核评价							
个人自评		小组互评		教师评价		任务成绩	

参 考 文 献

[1] 中华人民共和国行业标准.TB 10601—2009 高速铁路工程测量规范[S].北京:中国铁道出版社,2010.
[2] 中华人民共和国行业标准.TB 10101—2009 铁路工程测量规范[S].北京:中国铁道出版社,2010.
[3] 中华人民共和国国家标准.GB 50308—2008 城市轨道交通工程测量规范[S].北京:中国建筑工业出版社,2008.
[4] 王劲松,等.轨道工程测量[M].北京:人民交通出版社,2013.
[5] 秦长利.城市轨道交通工程测量[M].北京:中国建筑工业出版社,2008.
[6] 王兆祥.铁道工程测量[M].北京:中国铁道出版社,2008.
[7] 肖利,等.铁路工程测量[M].成都:西南交通大学出版社,2014.
[8] 朱颖.客运专线无砟轨道测量技术[M].北京:中国铁道出版社,2009.
[9] 周建东,等.高速铁路施工测量[M].西安:西安交通大学出版社,2011.
[10] 覃辉.土木工程测量[M].上海:同济大学出版社,2004.
[11] 张志刚.线桥隧测量[M].成都:西南交通大学出版社,2008.
[12] 潘松庆,等.测量技术基础实训[M].郑州:黄河水利出版社,2012.
[13] 杨正尧,等.测量学实验与习题[M].武汉:武汉大学出版社,2001.
[14] 卢正.建筑工程测量实训指导[M].北京:科学出版社,2003.
[15] 马真安,阿巴克力.工程测量实训指导[M].北京:人民交通出版社,2005.